La
BENDICIÓN
de la
CUARTA
GENERACIÓN

La
BENDICIÓN
de la
CUARTA
GENERACIÓN

JEREMIAH TORRES

CASA
CREACIÓN

La mayoría de los productos de Casa Creación están disponibles a un precio con descuento en cantidades de mayoreo para promociones de ventas, ofertas especiales, levantar fondos y atender necesidades educativas. Para más información, escriba a Casa Creación, 600 Rinehart Road, Lake Mary, Florida, 32746; o llame al teléfono (407) 333-7117 en Estados Unidos.

La bendición de la cuarta generación por Jeremiah Torres
Publicado por Casa Creación
Una compañía de Charisma Media
600 Rinehart Road
Lake Mary, Florida 32746
www.casacreacion.com

A menos que se indique lo contrario, todos los textos bíblicos han sido tomados de la *Santa Biblia*, versión Reina-Valera, revisión 1960. Usada con permiso.

Editado por: Gisela Sawin y Ofelia Pérez
Diseño de portada: Justin Evans
Director de Diseño: Bill Johnson

Library of Congress Control Number: 2011920497
ISBN: 978-1-61638-065-6
E-book ISBN: 978-1-61638-332-9

Impreso en los Estados Unidos de América
11 12 13 14 15 * 5 4 3 2 1

ÍNDICE

DEDICATORIA

DEDICO ESTE LIBRO a la gloria de Dios, que nos llamó con la unción de la cuarta generación.

Le doy gracias al amor de mi vida, mi esposa Miriam.

Agradezco a mis hijos Jeremiah, Priscila y Vanesa, para quienes anhelo que sigan sus llamados, sueñen y cumplan con su generación.

A *Casa de Restauración*, mi iglesia. Gracias por creer en mí.

A todos los colaboradores que contribuyeron en la preparación de este material. Los amo y espero que cada uno encuentre su destino en la obra del Señor.

UNA TRANSICIÓN QUE HONRE

EL PRIVILEGIO DE escribir este prólogo es una muestra de cómo las semillas que uno va plantando en terrenos ajenos, o sea, para bendición de otros, producen resultados también de bendición para uno mismo.

Hace unos años, durante una de mis conferencias en un encuentro anual llamado "Rompiendo los límites", conocí al autor de este libro, el querido pastor Jeremiah Torres. Recuerdo que el hermano se acercó emocionado por la visión que Dios le había dado de escribir sobre el tema de las bendiciones. Lo alenté a continuar poniendo en papel toda esta visión, para que multitudes pudieran tener acceso a ella a través de la palabra impresa.

Recuerdo haberle dicho: "Nunca sabrás a quién está impactando la palabra que pondrás en páginas porque cuando uno la escribe ya no la controla, sino que es libre de arribar a las manos de quien el Espíritu Santo quiera hacerla llegar". Luego le pedí que no se sorprendiera si comenzaba a recibir testimonios de lugares remotos en este universo, que hoy está más conectado que nunca. No sospeché que tiempo después, Jeremiah me daría el honor y la honra de prologar su primer trabajo literario.

Sobre el tema, les anticipo que al avanzar ávidos en la lectura, irán descubriendo enseñanzas profundas, pero muy prácticas. Podrán ubicarse en los diferentes escenarios planteados, como dadores y receptores de esa bendición que Dios quiere darnos a través de generaciones y para generaciones.

El hilo conductor de estas páginas es "la transición": cómo pasar todo lo que significa bendición de una generación a otra y cómo evitar que ocurra todo lo que represente ataduras o maldiciones. El gran desafío es cómo hacer una transición que honre a los que nos precedieron y que no tire por la borda todo lo que hicieron.

Parece que para muchos, la necesidad de salir de un lugar o posición para plantarse en otro los hace olvidar el significado que para Dios tiene la palabra *honra*. El autor nos enseña un modelo de transición para avanzar, sin desandar lo andado.

¿Cómo construir el quinto piso sin tener que derribar innecesariamente el cuarto, el tercero, el segundo y el primero por mi afán de construir algo nuevo? El autor señala que podemos hacer la transición sin que sea "a empujones". Además, nos recuerda que en algún momento y por voluntad de Dios, alguien va a sucedernos. Es entonces cuando no quisiéramos sentir el codazo inesperado del "empujón". El modelo de Dios no es ése, sino el de la transición ordenada, amorosa, respetuosa, honrosa.

El autor ha refrescado tantos conceptos de liderazgo caídos en desuso por el afán de protagonismo y el egocentrismo de "hacer las cosas a mi manera y sin nadie al lado", que leerlos nos ayudará a pasar de nivel sin descalificar ni olvidar.

¿En qué generación estás viviendo sino en la de la promesa y la bendición? Pero, dirás, ¿cómo es que no me doy cuenta? ¿Cómo es que no puedo verlo?

Este libro de cinco capítulos nos llevará, a través de una lectura amena, a redescubrir y encontrarnos con cientos de promesas y bendiciones que Dios ya dispuso para ti, que muchas veces aún teniéndolas al alcance de la mano, parecen lejanas para el día de hoy.

Es como cuando Dios le ordena al profeta Habacuc que escriba la visión y que haga que la misma resalte claramente en las tablillas para que pueda leerse de corrido, y luego lo alienta a esperarla al decirle: «Espérala, porque sin falta vendrá, marcha a su cumplimiento, sin falta vendrá».

Al terminar, tal como me sucedió a mí, este libro te ayudará a saber cuál es el sueño de Dios para tu vida, y a entender dónde estás situado hoy, permitiéndote que avances a la promesa, confiado en que Dios ha estado, está y estará en control del viaje.

No importa cuan avanzado estés en el camino con Dios, te recomiendo la lectura de este maravilloso libro, pues te ayudará a evitar los errores de la primera generación: llevar la carga de Lot y producir "Ismaeles". Te llevará a encontrar un propósito nuevo, a llegar al altar del sacrificio con lo más preciado para ti, a producir una generación que sepa bendecir a la siguiente, y a que tengas referencias cuando pases de una generación a la otra. Descubrirás en ti las marcas de Isaac, no cometerás los mismos errores que tu padre, cavarás tus propios pozos. En esta obra, también aprenderás que no importa cuan avanzado estés en este camino, Dios tiene el poder para cambiar el orden natural.

Los sueños de José pueden ser los tuyos. No te limites.

Un abrazo a mi amigo Jeremiah y a su hermosa familia, que sin duda fue testigo de noches de desvelo y manuscritos rotos.

—ESTEBAN R. FERNÁNDEZ
PRESIDENTE BÍBLICA - LATINOAMÉRICA
SOCIEDAD BÍBLICA INTERNACIONAL
NOVIEMBRE 2010

INTRODUCCIÓN

QUIENES TIENEN HIJOS saben lo difícil que a veces se hace entenderlos. Una de las situaciones más complicadas para una generación es poder comprender a la siguiente. La nueva generación suele hablar un lenguaje difícil de interpretar. Por lo tanto, los puntos de contacto y comunicación cada vez se hacen más débiles entre ésta y las generaciones anteriores. Los integrantes de esta generación escuchan música totalmente diferente a la que estamos acostumbrados a oír y ni siquiera la letra entendemos. Pero aún así, en medio de tantas diferencias, el peor error que se puede cometer es tratar de encasillar a esta generación en nuestra forma de pensar. Tenemos que entender que si Dios está moviéndolos a que se puedan identificar con su generación, debemos abrirles paso aunque no los entendamos. Cuando me moví a hacer lo de mi generación, tampoco me entendieron.

En nuestra generación hay un depósito realizado por la generación anterior, que ha aumentado. Muchos de los principios que hoy tenemos no nacieron de nuestra generación sino de la anterior, pero Dios aumenta el conocimiento y la revelación en nosotros para que caminemos en el poder de nuestra generación. Sin embargo, lo que tuvo valor para generaciones anteriores no necesariamente tiene valor para la nuestra. Vivimos de una transición a la otra, tanto en la Iglesia como dentro de nosotros mismos. Lo importante está en hacer una transición donde conservemos y honremos el legado anterior, sigamos adelante en el poder de nuestra generación y, llegado el momento, le demos paso a la generación que nos va a suceder.

El propósito de este libro es lidiar con el proceso que la

iglesia evangélica hispana tiene que pasar para alcanzar su transición. Uno de los mayores problemas que hoy enfrentamos es el de pasar la antorcha a la generación siguiente para que ellos continúen corriendo la buena carrera. Es poner en las manos de esta generación una guía para valorizar los cambios importantes que experimenta la Iglesia y para reconocer el valor del legado digno de imitar que nuestros antepasados dejaron.

Mi bisabuela, quien fue un ejemplo para mí, pagó un gran precio por haber aceptado al Señor, hasta el punto de ser despreciada y abandonada por su esposo. Mis abuelos maternos, de raíz presbiteriana, amaban al Señor con todo su corazón y le servían con gran compromiso. Mi padre ha sido una gran inspiración para mi vida y la de muchos. Ha sido pastor de la misma iglesia por cuarenta y cuatro años. Mi madre es una mujer extraordinaria y maravillosa ministro del Evangelio. Ellos son parte de la generación pasada, son nuestros ejemplos y nos han dejado un legado que debemos tomar y multiplicar. De ellos recibimos los principios y valores de vida que hoy trabajamos para aumentar y afirmar en nuestra generación.

Sin embargo, mi mayor éxito sería vivir en mi generación, preparando el camino para que a la próxima generación no se le haga tan difícil. Todos tenemos en nosotros un depósito de una generación pasada, pero en mi generación Dios va a aumentar el conocimiento y la revelación, para que yo camine en el poder de mi generación. Yo quiero hablarle a gente que sea capaz de moverse de una generación a otra; deseo vivir en la generación de hoy y prepararle el camino a la próxima para que amen a Dios, crean en Dios, adoren a Dios, pero que lo hagan a su manera. Voy a concentrarme en que recibas lo que es la bendición de la cuarta generación. La Biblia, en Génesis 15:16 dice:

"Y en la cuarta generación volverán acá; porque aún no ha llegado a su colmo la maldad del amorreo hasta aquí".

La cuarta generación tiene un punto de referencia. Por eso tiene que regresar a un lugar de revelación de Dios porque hay una conexión entre una generación y otra. Lo que no podemos hacer es limitar su propósito ni la revelación que Dios tiene para esa generación.

A lo largo de los tiempos, la iglesia evangélica ha cambiado en muchos niveles, como decimos los puertorriqueños: "a empujones". La transición generacional del Cuerpo de Cristo no tiene que ser "a empujones". Puede ser en amor, armonía y orden, viviendo juntos un proceso de honrar la obra de nuestros antecesores, mientras permitimos la manifestación del propósito de Dios en una nueva generación.

Es por eso que mi anhelo, al escribir este libro, es que pueda ayudar a desatar el potencial que la Iglesia tiene, e inspirar a muchos de la cuarta generación a levantarse y tomar posesión de lo que Dios les ha dado. De igual manera, deseo despertar el potencial de la Iglesia latina en Estados Unidos, ya que cuenta con las herramientas fundamentales para que de ella nazca un próximo avivamiento histórico.

Para lograr esto, primero quiero que tú, al igual que los demás lectores de este libro, descubras a qué generación perteneces. Eso te va a ayudar a entenderte y comprender que Dios te quiere promover. Dios no desea esconder nada de ti. Lo que creías que estaba escondido se te revelará, si eres capaz de moverte a la dimensión de tu generación para verlo a tiempo. Segundo, quiero también que aprendas que en toda generación hay una reacción a la Palabra de Dios. Lo tercero es que debes anhelar progresar a otra generación porque estas generaciones se traducen como etapas en tu vida. Cuando te iniciaste en el evangelio estabas en una etapa, pero tienes que empezar a promoverte hasta llegar a la plenitud de lo que Dios quiere hacer para tu vida. Ese crecimiento integra las generaciones dentro de ti. Las generaciones de nuestra Iglesia no solamente significan la transición de la relación entre Dios y su Iglesia, sino tu transición interior en tu relación con Dios. Quiero que sepas que no necesitas quedarte donde estás.

A través de estas páginas, caminarás por el proceso que atravesaron las vidas de Abraham, Isaac, Jacob y José. Interpretaremos el desarrollo de cuatro generaciones que nos bendicen y nos enseñan un modelo de transición. Cada generación fue llamada por Dios para grandes cosas. Es importante destacar que cada una de ellas comprendía que el éxito de la siguiente generación se construía sobre sus propios hombros.

A menudo oímos acerca del desprecio a la generación anterior, al mirarlos como anticuados, tradicionales o cerrados. Mi deseo es ayudarte a valorizar a los que nos antecedieron y despertar el valor de los que vienen después.

Hay un dicho que aquellos que van a iniciar el proceso de transición deben saber. Dice en inglés: *"Rome wasn't built in a day"* (Roma no se construyó en un día). Las transiciones responsables toman tiempo, pero no toda la vida.

—JEREMIAH TORRES

Capítulo uno

No tiene punto de referencia:

La generación de Abraham

"Pero Jehová había dicho a Abram: Vete de tu tierra y de tu parentela, y de la casa de tu padre, a la tierra que te mostraré. Y haré de ti una nación grande, y te bendeciré, y engrandeceré tu nombre, y serás bendición. Bendeciré a los que te bendijeren, y a los que te maldijeren maldeciré; y serán benditas en ti todas las familias de la tierra"

[GÉNESIS 12:1-3]

¡QUÉ PALABRAS PODEROSAS para el inicio de un nuevo sueño! Para los lectores de este siglo, por la amplitud de conocimiento que poseen, tal vez este texto no impresione mucho. Pero para Abram debió haber sido extraordinario, por el mero hecho de no tener punto de referencia con el Dios que acababa de desafiarlo. Haber sido escogido por Dios fue un hecho impresionante, pero haber sido llamado por un Dios a quien no conoces, debe ser realmente sorprendente. Por esa razón, este llamado es clásico e histórico.

Para ayudarlos a comprender el porqué de mi razonamiento, deben saber que cuando Dios llamó a Abram, no ocurrió en un ambiente donde Dios era el Dios de Israel. Su entorno social era distinto al que imaginamos. Su padre, Taré, era tallador de dioses y mantenía viva una cultura de idolatría. El bienestar económico de la familia y su herencia provenían del trabajo en la talla de imágenes. Seguramente que todos los días Abram habrá lidiado con la construcción y la venta de estas piezas, y con la creencia de que estos dioses contribuían al éxito humano.

Tal vez, para ese momento, Abram estaría experimentado lo mismo que nos ocurre a muchos: "hambre por cosas mayores". Algunos lo han llamado una "santa insatisfacción", sentimiento que puede ser ahogado por el espíritu religioso, la tradición y el qué dirán. Gracias a Dios por los que superan estos argumentos internos y reaccionan cuando se les pide: "Vete de tu tierra y de tu parentela y de la casa de tu padre".

Esta invitación era el inicio de la relación entre Abram y el Dios del universo, a quien no conocía como punto de referencia. Así comienza la jornada de la primera generación. Su llamado fue directo y contaba con el requisito de dejar atrás lo que conocía y lo ataba.

Esa es la primera generación y fue llamada por Dios. Abram tenía puntos de referencia religiosos que no eran iguales al del Dios de los cielos. Abram cometió muchos errores por querer practicar su fe de acuerdo a la experiencia religiosa que tenía de sus padres.

Quizás tú eres el primero en tu familia en aceptar a Cristo como tu salvador personal; el primero en conocer al Señor. Esta es una gran bendición, pero a veces puede ser lo que más te limita. Eso te hace parte de la primera generación sin puntos de referencia, y a pesar de haberte convertido al Señor, insistes en adoptar usos y costumbres de aquello que era religioso en tu vida, y adaptarlo al evangelio de Cristo.

Lo primero que Dios te pide cuando llegas a Él, es que abandones al dios de tus padres. Y aunque parece simple, no lo es. Aquello que has conocido desde que naciste y que ha dado vida a tu familia, de pronto Dios te pide que lo dejes. El llamado a dejar atrás tu tradición siempre viene acompañado de una promesa que el mismo Dios otorga: «Haré de ti una nación grande, te bendeciré, engrandeceré tu nombre, y serás bendición».

La Palabra de Dios en toda generación es poderosa. Dios desea bendecir a todas las generaciones, pero van a surgir unos elementos progresivos. Algunos creen que por ser la primera generación, no tienen bendición ni promesa, pero no es así; la tienen. La manifestación de esa bendición y de esa promesa está limitada por la falta de referencia. Lo primero que Dios le tuvo que decir a Abram fue que lo siguiera, porque si seguía otra cosa, nunca iba a poder ir en busca del Dios de los cielos. Igualmente, uno de los primeros pasos que tiene que dar la primera generación que llega a Cristo es abandonar el dios de los padres.

AQUELLO QUE HAS CONOCIDO DESDE QUE NACISTE Y QUE LE HA DADO VIDA A TU FAMILIA, DE PRONTO DIOS TE PIDE QUE LO DEJES.

¿Por qué? Porque toda promesa está condicionada a tu obediencia. Si caminas en obediencia, las promesas del Señor son tuyas. Si te desvías del propósito de Dios y caminas en desobediencia, dejaste atrás las promesas porque te desviaste del camino. Tienes que caminar hacia el propósito de Dios. Puedes tener cientos de profecías sobre tu vida, todas buenas, todas son de Dios, pero el cumplimiento de cada una de ellas está directamente relacionado con tu obediencia. Para alcanzar la promesa, es necesario ser obediente y caminar hacia el propósito de Dios. En el caso de Abram también fue así. La promesa estaba vinculada a la obediencia: "Vete de tu tierra y de tu parentela".

Abram no tenía punto de referencia y Dios le dice que va a hacer de él una gran nación, pero él sabía sus limitaciones naturales. Cuando Dios llamó a Abram, ya no era un muchacho, sino un adulto. Para ese tiempo ya estaba casado y sabía que en el mundo natural, su mujer era estéril. Pero en su interior, también sabía que Dios le había hablado acerca de algo que iba más allá de lo natural; sabía su potencial espiritual.

9

TODA PROMESA ESTÁ CONDICIONADA A TU OBEDIENCIA.

Dios tiene el poder para hacer los cambios necesarios, de manera que la Palabra que Él declaró prevalezca sobre la realidad humana. Dios hará lo que tenga que hacer para que su palabra profética se encuentre con tu realidad natural y se cumpla el propósito de Dios en ti. Si tu realidad natural es la esterilidad y la Palabra de Dios declara la promesa de darte una nación grande, en algún momento esa palabra profética se impondrá sobre tu realidad natural y se manifestará. Dios siempre cumplirá su propósito en ti.

Muchos cristianos tienen una palabra profética, pero no tienen un punto de referencia y se siguen fijando en lo natural. Yo me gozo cuando todo lo natural está en tu contra porque el cumplimiento de la Palabra requiere un milagro, no sólo disposición, sino un milagro.

Abram empieza a preocuparse porque la promesa de Dios es poderosa. Dios no le dice que solamente él será bendecido. Le dice que en él serán bendecidas todas las familias de la tierra. Es un peso mayor y una gran responsabilidad escuchar que todas las familias de la tierra serán afectadas por tu obediencia y recibirán bendición porque tú caminaste en fe.

Tienes que responder a tu generación porque cuando lo haces, tú alineas a otros a ser partícipes de la bendición de Dios para tu vida y la de ellos. Si recibiste una palabra que tiene que ver contigo, tu palabra es limitada. Si recibiste una palabra que tiene que ver con las naciones, es un deseo de Dios.

DIOS TIENE EL PODER PARA
HACER LOS CAMBIOS NECESARIOS,
DE MANERA QUE LA PALABRA
QUE ÉL DECLARÓ PREVALEZCA
SOBRE LA REALIDAD HUMANA.

¿Crees que Dios te escogió? Yo fui escogido desde el vientre de mi madre. Cuando ella estaba embarazada, Dios le dio una palabra y ese mismo día me separaron para el ministerio. El día que nací, mi abuelita me vio predicando en un púlpito. Dieciocho años después, ella pudo verlo hecho realidad. Creo también que por cuanto yo había sido llamado, Dios escogió una muchacha y la preparó para mí. Tiempo después conocí a mi esposa, nos casamos y tuvimos a nuestro hijo. Lo que en verdad produjimos en ese tiempo fue la voluntad de Dios, la continuidad de su propósito, el Isaac de Dios.

LOS ERRORES DE LA PRIMERA GENERACIÓN

El proceso que experimenta la primera generación nos enseña ciertas características que nos ayudarán a descubrir si formamos parte de ella. Al no tener punto de referencia, la primera generación no confía en que el Dios que los llamó, los protegerá. Por lo tanto, Dios tiene que manifestarse ante Abram continuamente, para ayudarlo a creer y afianzar su fe.

Ese proceso fue largo y en ocasiones hasta frustrante. Esta generación de Abram asumió posturas que pusieron en peligro la integridad del hogar. Por ejemplo, Abram comprometió la vida de Sarai al pedirle que dijera que, en lugar de ser su esposa, era su hermana, porque era hermosa. Si lees la historia completa, observarás que Abram hizo esto dos veces a lo largo de su trayectoria.

> "Ahora, pues, di que eres mi hermana, para que me vaya bien por causa tuya, y viva mi alma por causa de ti. Y aconteció que cuando entró Abram en Egipto, los egipcios vieron que la mujer era hermosa en gran manera. También la vieron los príncipes de Faraón, y la alabaron delante de él; y fue llevada la mujer a casa de Faraón" (Génesis 12:13-15).

A esta generación se le hace fácil sacrificar la casa por salvarse a sí misma. Cuando leemos el texto, no podemos evitar pensar: ¿Qué le pasó a Abram? Estaba pensando más en sí mismo que en la palabra que Dios le dio y en su propia mujer.

Decir que su mujer era su hermana significaba entregarla a quien quisiera estar con ella, con tal de salvar su pellejo. Algunos pensarán que si tuvieran que atravesar una situación similar, no harían lo que hizo Abram, pero permíteme explicarte que la primera generación hace lo mismo que Abram.

La primera generación toma el llamado por sobre todas las cosas, incluyendo su esposa. Cuando el llamado es más importante que tu mujer, tienes el mismo espíritu de Abram. Pensamos que ofendemos a Dios si protegemos a nuestra esposa del desafío del llamado, pero finalmente Dios tiene que ir a tu rescate como lo hizo con Abram, para proteger su descendencia.

> "Mas Jehová hirió a Faraón y a su casa con grandes plagas, por causa de Sarai mujer de Abram" (Génesis 12:17).

Dios fue el defensor de las mujeres de los que fueron llamados de la primera generación. Dios hizo lo que Abram debió haber hecho: proteger el vientre que cargaría la promesa y la próxima generación. Dios siempre protegerá la matriz que carga su voluntad y propósito.

CARGA CON LOT

Cuando Abram salió de su tierra y su parentela, lo hizo con su esposa Sarai, su sobrino Lot y todas sus posesiones. Para ese entonces, Abram tenía setenta y cinco años de edad.

Luego de atravesar Egipto y que Dios guardara la vida de Sarai, se fueron a la zona de Neguev con todo lo que tenían. La Biblia relata que Abram era riquísimo en ganado, en plata y en oro. También su sobrino Lot, que andaba con Abram, tenía ovejas, vacas y tiendas. Pero la tierra no era suficiente para que habitaran juntos, pues sus posesiones eran muchas y no podían morar en un mismo lugar.

A causa de esto, hubo peleas entre los pastores de ambos. Entonces Abram le dijo a Lot que para que no hubiera más altercados entre ellos y los pastores, eligiera una parte de la tierra y se fuera con sus posesiones. Así fue que Lot escogió para sí toda la llanura del Jordán, y se fue hacia el oriente.

Es interesante saber que Lot escogió la llanura porque este tipo de extensión le daría la posibilidad natural de mantener lo que había adquirido por causa de Abram. Por otro lado, donde quiera que fuera Abram, él tendría bendición aunque fuera en el desierto.

Es bueno señalar que muchos son bendecidos, no porque se llamaban Lot, sino porque formaron parte del viaje de Abram. Pero también es necesario comprender que hasta que no sueltes a Lot, que es bendecido por tu causa, no podrás subir a otros niveles con el Dios que estás conociendo.

Si observas la relación entre Abram y Lot, te darás cuenta de que como acompañante Lot fue una bendición, pero con el tiempo se volvió un obstáculo para lo que Dios quería hacer con Abram. Esa generación carga con el continuo recordatorio del lugar donde salió. Mientras tengas esto continuamente en mente y no lo sueltes, no se te permitirá ver hacia dónde vas.

Hay bendiciones de Dios que causan separación. El simple hecho de que hayas decidido caminar al sonido de la voz de Dios, te hace próspero. La bendición causará fricción y separación entre tú y quienes te rodean. Así ocurrió entre Abram y Lot. Cuando Abram se separó de Lot pudo recibir la plenitud de lo que Dios tenía para su vida.

PRODUCIR ISMAELES

La promesa de Dios para Abram era la de darle un hijo y una gran descendencia. Esta declaraba: *"Y lo llevó fuera, y le dijo: Mira ahora los cielos, y cuenta las estrellas, si las puedes contar. Y le dijo: Así será tu descendencia"* (Génesis 15:5).

Pero el tiempo pasaba y Sarai no quedaba embarazada. Su ansiedad por ver cumplida la promesa dada por Dios sobre la vida de su esposo la llevó a pensar en la forma de agilizar los tiempos. Grande era la preocupación de esta mujer. Ella quería darle descendencia a su esposo y al mismo tiempo sabía de la promesa de Dios para con él. Ella pensó que tal vez sería bueno una "ayuda extra" a los planes de Dios, y por eso se sentó a pensar qué podía hacer. Quizás en ese momento se habrá cruzado frente a sus ojos Agar, una esclava egipcia en quien seguramente confiaba.

HAY BENDICIONES DE DIOS QUE CAUSAN SEPARACIÓN.

Inmediatamente luego de verla y pensar cómo podría armar esta historia, Sarai fue ante Abram y le dijo: *"Ya ves que Jehová me ha hecho estéril; te ruego, pues, que te llegues a mi sierva; quizá tendré hijos de ella. Y atendió Abram al ruego de Sarai"* (*Génesis 16:2*).

La idea de Sarai era que los hijos de Agar se transformaran en sus propios hijos, ya que claramente ella dice: *"Te ruego, pues, que te llegues a mi sierva; quizá tendré hijos de ella"*. La Palabra dice que Abram aceptó la propuesta que le hizo Sarai. Luego de esta trama armada por Sarai y concretada por Abram, Agar concibió un hijo.

Imagínese los sentimientos que despertó esta situación en la vida de Sarai. Inevitablemente, el plan que armó se volvió contra ella y comenzó a sentir que Agar, embarazada de su Abram, la miraba con desprecio. Entonces fue ante su esposo, y reclamó su lugar y el respeto que ella merecía.

> "He aquí, tu sierva está en tu mano; haz con ella
> lo que bien te parezca. Y como Sarai la afligía, ella
> huyó de su presencia" (Génesis 16:6).

Como Sarai comenzó a maltratar a Agar, ésta huyó al desierto. Y allí, junto a un manantial, la encontró el ángel del Señor y le dijo: *"Vuélvete a tu señora y ponte sumisa bajo su mano. Le dijo también el ángel de Jehová: Multiplicaré tanto tu descendencia, que no podrá ser contada a causa de la multitud. Además le dijo el ángel de Jehová: He aquí que has concebido, y* darás a luz un hijo, y llamarás su nombre Ismael, porque Jehová ha oído tu aflicción" (Génesis 16: 9-11).

En ese encuentro, Ismael fue descrito en su carácter por Dios. Dijo: "Y él será hombre fiero; su mano será contra todos, y la mano de todos contra él, y delante de todos sus hermanos habitará" (Génesis 16:12). Poco tiempo después nació Ismael, cuando Abram tenía ochenta y seis años.

La primera generación forma un Ismael por no creer a la Palabra que oyó de Dios. "Dijo también Abram: Mira que no me has dado prole, y he aquí que será mi heredero un esclavo nacido en mi casa. Luego vino a él Palabra de Jehová, diciendo: No te heredará éste, sino un hijo tuyo será el que te heredará" (Génesis 15:3-4).

En esencia, Dios le dijo a Abram que dentro de él estaba la semilla, pero que había preservado el vientre de su mujer para esto. El hecho de que Abram haya obedecido a Sarai, indica que todavía no conocía el poder de la Palabra declarada por Dios.

Este incidente se puede comparar a una generación que ha puesto las exigencias del ministerio como el medio humano para que se cumplan las promesas de Dios, en vez de creer la Palabra de Dios y esperar que sus promesas se cumplan en el tiempo de Dios, y a través de los medios que Dios ha destinado. Es como si no le creyeran a Dios y decidieran que el ministerio va a hacer cumplir las promesas por sí mismo, y no por disposición del Señor. Los líderes se han desviado del propósito divino de la Iglesia. Producen sus propios Ismaeles sin esperar a los Isaacs, que son los verdaderos hijos de las promesas de Dios. De esa manera, pretenden que reciben una Palabra que les conviene, pero que no representa lo que Dios ha dicho. Esta generación está tan ocupada por servir en la obra, que olvidan quién es el Señor de la obra.

Cuando nace Ismael, se le impone una exigencia para

convertirse en Isaac (el verdadero hijo de la promesa de Dios), pero Dios no viola su Palabra. Por amor a la semilla, pronuncia una bendición sobre Ismael, porque sea como sea, es semilla de Abraham. Demasiados eventos, cultos, congregaciones vienen de los lomos de Abraham, pero no vienen con la bendición de Isaac. La Iglesia quiere más a costa de procrear un Ismael, y le dan permiso a Abraham a tener relaciones con la esclava. Pero Dios siempre va a conservar la matriz de su propósito.

LOS LÍDERES SE HAN DESVIADO DEL PROPÓSITO DIVINO DE LA IGLESIA.

"Decidme, los que queréis estar bajo la ley: ¿no habéis oído la ley? Porque está escrito que Abraham tuvo dos hijos; uno de la esclava, el otro de la libre. Pero el de la esclava nació según la carne; mas el de la libre, por la promesa. Lo cual es una alegoría, pues estas mujeres son los dos pactos; el uno proviene del monte Sinaí, el cual da hijos para esclavitud; éste es Agar. Porque Agar es el monte Sinaí en Arabia, y corresponde a la Jerusalén actual, pues ésta, junto con sus hijos, está en esclavitud. Mas la Jerusalén de arriba, la cual es madre de todos nosotros, es libre. Porque está escrito: "Regocíjate, oh estéril, tú que no das a luz; prorrumpe en júbilo y clama, tú que no tienes dolores de parto; porque más son los hijos de la desolada, que de la que tiene marido. Así que, hermanos, nosotros, como Isaac, somos hijos de la promesa. Pero como entonces el que había nacido según la carne perseguía al que había nacido según el Espíritu, así también ahora. Mas ¿qué dice la Escritura? Echa fuera a la esclava y a su hijo, porque no heredará el hijo de la esclava con el hijo de la libre. De manera, hermanos, que no somos hijos de la esclava, sino de la libre" (Gálatas 4:21-31).

Este texto explica que existen dos sistemas, dos pactos, uno de esclavitud y otro de libertad. En esencia, hoy día vivimos bajo estos pactos. La promesa sigue siendo para lo que se produce por la Palabra de Dios a través de Abraham y Sara.

Ismael substituye al verdadero hijo de la promesa. ¿Cómo se sentirán las Sarais que dieron permiso para que Abram estuviera con Agar? Dios ha bendecido el esfuerzo y el producto de tu ministerio, pero no necesariamente aprueba el descuido y la desobediencia de la Palabra hablada por Él.

Este incidente trajo trece años de silencio de parte de Dios. ¿Cómo se puede vivir trece años sin escuchar la voz de Dios? El precio de Ismael no es justo para Abram ni tampoco para Agar. ¡Qué bueno que Dios vela aún por nuestros errores y nos bendice, no por aprobarnos, sino porque Él dijo que nuestra simiente será bendecida!

"Y en cuanto a Ismael, también te he oído; he aquí que le bendeciré, y le haré fructificar y multiplicar mucho en gran manera; doce príncipes engendrará, y haré de él una gran nación" (Génesis 17:20).

No hay sucesión en Ismael, pero puede haber bendición y cuidado de Dios. Cuando Abram estaba preocupado por quién sería su sucesor, Dios le indica que no sería el hijo de la esclava.

Muchas veces las soluciones carnales producen satisfacción a esa generación y quieren traer a Ismael para que Dios lo bendiga. Como Dios es un Dios de gracia en cualquier generación, bendice a Ismael, no por los errores de Abram, ni por la interpretación carnal de Sarai, ni siquiera por todo lo que pasó en ese escenario. Lo bendice porque era simiente de Abram y porque había una mujer extranjera que fue capaz de pronunciar bendición sobre Ismael. Ella no tenía bendición, pero tomó la decisión de declararla sobre su hijo.

Esta generación no entiende eso y echa a Ismael de la casa. El grito de Ismael en el desierto despierta el corazón de Dios, quien responde para que esa generación no se quede fuera de una bendición porque salió de Abraham.

CAMBIO DE NOMBRE PARA CAMBIO DE PROPÓSITO

Para producir los cambios que afecten a la próxima generación, Dios hace algo espectacular. Le cambia el nombre a Abram y de esa manera cambiaría su forma de pensar.

> "Y no se llamará más tu nombre Abram, sino que
> será tu nombre Abraham, porque te he puesto por
> padre de muchedumbre de gentes" (Génesis 17:5).

Este cambio viene después de los trece años de silencio de Dios. Ciertamente, Dios le recuerda la promesa para las próximas generaciones. Ya Abraham no debe pensar en singular, sino como padre de naciones. Lo interesante es que a Sarai también le cambia el nombre.

> "Dijo también Dios a Abraham a Sarai tu mujer no la llamara Sarai, mas Sara será su nombre. Y la bendeciré y también te daré de ella hijo; sí, la bendeciré, y vendrá a ser madre de naciones; reyes de pueblos vendrán de ella" (Génesis 17:15-16).

Sara no estaba excluida del ministerio de Abraham; por algo Dios preserva su vientre. Hay una doble bendición para ella. En esencia, Dios le está diciendo: "Te daré el gozo de ser madre en lo natural; te quito tu afrenta. También te doy el gozo de ser madre de naciones. Amplío tu visión para que no te limites en Isaac, sino que sepas que este asunto va más allá".

La Iglesia de la primera generación piensa solamente en su presente, en que Cristo venga y los saque de esta miseria porque están hastiados de las malas noticias. No piensan en el mañana. Por años, le dijeron a la juventud que no era necesario estudiar porque Cristo venía pronto, y de esa manera limitaron el potencial de la Iglesia. Era una teología de escapismo, donde pensaron en ellos y no en la futura generación. He escuchado a muchos adultos decir que la primera generación les robó el potencial de crecer. Se quedaron como Abram, no cambiaron sus nombres y no se dieron la oportunidad de traer amplitud a sus vidas.

Estuvieron limitados a una revelación que les estancó un tiempo y la Iglesia se secó. Para ellos es un reto ver manifestarse otras generaciones porque su pensamiento está cauterizado a lo que es natural. Los perjudicó mucho no haber conocido al Dios de los cielos, y Dios se les tenía que hacer presente a cada momento.

En muchas de las primeras generaciones, hay un silencio de Dios, y mucha gente se destruyó por el abuso de la profecía. La religión le ordenaba a los feligreses a hacer las cosas de cierta manera o quedaban excomulgados. Esa generación de evangélicos tenía que ungirlo todo. Todos los días se oraba por lo mismo porque no había revelación de tiempo nuevo. Les hablabas de fe y te miraban como si estuvieras loco. Se necesitaban muchas prácticas tangibles en esa primera generación porque ése era su punto de referencia.

Algo maravilloso de esa generación es que conocen prosperidad, pero se concentran en ellos y sus hijos, y no hacen partícipes de su prosperidad a las naciones. Es una generación que piensa en ellos y no en el futuro, igual que Abraham, que no supo entender que tenía que preparar a la próxima generación.

Mira cuántas generaciones han pasado, todavía estamos aquí, y mucha de esa gente está limitada, muchos arrastrados en el mundo del pecado, y no entran a una iglesia porque alguien los limitó a pensar en singular. El cambio de nombre responde a una visión más amplia. Puedes sentirte satisfecho solamente por tener tu hijo o puedes tener la visión amplia que cubre las naciones. La primera generación no se vio como una generación de alcance. Se limitó al ahora. La primera generación no se ve capaz de reproducirse. Muere con su unción, visión y autoridad.

La primera generación tiene que cambiar su mentalidad y su nombre, como Dios hizo con Abraham. Dios quiere que tu mente cambie para que no pienses en singular, sino en plural, en multiplicación, en naciones, en efectos sobre las próximas generaciones. Ellas se beneficiarán por lo que tú tienes, pero no serán limitadas por lo que tú tienes. El cambio te permite transferir lo de Dios a otros. El fluir para afectar a una nación tiene que ser palabra profética de naciones. Y la palabra profética de generaciones no se mide por lo natural. Se mide a través del propósito de Dios.

Dios quiere llevar tu mente por una transición para que no pienses en singular, sino en multiplicación y en efecto de generaciones. Si parafraseo lo que Dios dijo a Abraham, supongo que le dijo: "Tú tan preocupado por un hijo y yo ya he visto cuatro generaciones". La Palabra que tú recibes no es para ti; es a través de ti para la próxima generación. Esa generación tiene que ser más grande en la revelación de Dios que la tuya, para cumplir el propósito divino.

DIOS QUIERE QUE TU MENTE CAMBIE
PARA QUE NO PIENSES EN SINGULAR,
SINO EN PLURAL, EN MULTIPLICACIÓN,
EN NACIONES, EN EFECTOS SOBRE
LAS PRÓXIMAS GENERACIONES.

La profundidad de esta revelación sobre las generaciones es que, aunque miremos hacia la cuarta generación, nosotros, en el sentido espiritual, siempre somos primera generación de algo. Yo soy primera generación de algunas revelaciones que nadie me enseñó. En otras palabras, tú tienes todos los componentes de todas las generaciones y tienes que saber promoverte de generación en generación. Aprende a asimilar lo bueno de una generación, transferirlo a la próxima y aumentarla porque, ante todo, la Palabra es para las naciones.

El concepto de generación, según la revelación que te explico, tiene una trascendencia incalculable. Por un lado, me refiero a la transición de la Iglesia como el Cuerpo de Cristo y su estilo de hacer evangelio. En este sentido, las generaciones corresponden a los estilos de creer, practicar las lecciones de la Palabra de Dios y las revelaciones de Dios hacia cada una de ellas. Por otro lado, muy importante para transferir la Palabra profética de Dios, me refiero a los cambios generacionales internos en cada uno de nosotros, según vamos recibiendo mayor revelación. Cada una de las cuatro generaciones de la Iglesia recibe de Dios lo que debe recibir en su tiempo. En cada una de las generaciones dentro de ti, el Señor te añade revelación, según tu tiempo. Pero siempre es para bendecir a otros a través de ti, y alcanzar el propósito divino de las generaciones venideras y las naciones. Por eso no podemos limitar las generaciones. Dios trabaja con cada generación de acuerdo a su propósito en ese tiempo.

NOSOTROS, EN EL SENTIDO
ESPIRITUAL, SIEMPRE SOMOS
PRIMERA GENERACIÓN DE ALGO.

EL ALTAR DEL SACRIFICIO

Luego de ocurrido lo de Ismael, Dios le dijo a Abraham que le daría un hijo que se llamaría Isaac.

> "Ciertamente Sara tu mujer te dará a luz un hijo, y llamarás su nombre Isaac; y confirmaré mi pacto con él como pacto perpetuo para sus descendientes después de él" (Génesis 17:19).

> "Y Sara concibió y dio a Abraham un hijo en su vejez, en el tiempo que Dios le había dicho. Y llamó Abraham el nombre de su hijo que le nació, que le dio a luz Sara, Isaac" (Génesis 21:2-3).

Algunos años después del cumplimiento de tan esperada promesa, Dios le dijo a Abraham:

"Toma ahora tu hijo, tu único, Isaac, a quien amas, y vete a tierra de Moriah, y ofrécelo allí en holocausto sobre uno de los montes que yo te diré. Y Abraham se levantó muy de mañana, y enalbardó su asno, y tomó consigo dos siervos suyos, y a Isaac su hijo; y cortó leña para el holocausto, y se levantó, y fue al lugar que Dios le dijo" (Génesis 22:2-3).

La próxima etapa en la vida de Abraham era llevar a su hijo al altar del sacrificio. Muchos hemos tenido dificultad en entender este pedido de parte de Dios. Un querido amigo mío, el Rev. Roberto Amparo, dice: "Isaac tenía que morir en el corazón de Abraham".

Este proceso es doloroso porque exige que reconozcamos que no contábamos con la posibilidad natural de producir un hijo y cuando Dios intervino, ocurrió el milagro. Este pedido de parte de Dios a Abraham fue el sacrificio más alto para un hombre que ha vivido la travesía de conocer a Dios paso a paso, día a día.

El Abraham que caminaba hacia el altar del sacrificio era diferente; miraba hacia al futuro. De ser un hombre preocupado por no tener prole, pasó a ser un hombre que pone su futuro sobre el altar del sacrificio.

He llegado a la conclusión de que Dios no te pide que sacrifiques lo que Él te da por ofrenda o promesa. Pero al mismo tiempo, estoy de acuerdo con que "Isaac tenía que morir en el corazón de Abraham".

En verdad, Isaac no es producto de tu capacidad natural ni espiritual. Él es fruto de la gracia, la misericordia y la promesa de

Dios. Los hombres que rehúsan entregar a Isaac están cortando la posibilidad de progreso para la próxima generación.

Dios no le pide a Abraham que entregue a su esposa Sara porque sabía que él la entregaría sin problema; ya lo había hecho dos veces. Sin embargo, Isaac era difícil de entregar porque representaba la promesa divina. Tenemos que aprender a desprendernos del Isaac que es producto de un milagro.

Recuerde que cuando Abraham obedientemente fue a sacrificar a su hijo, al levantar el cuchillo para clavarlo sobre el cuerpo de Isaac, el ángel de Jehová le dijo: *"No extiendas tu mano sobre el muchacho, ni le hagas nada; porque ya conozco que temes a Dios, por cuanto no me rehusaste tu hijo, tu único"* (Génesis 22:12).

Dios le pide a Abraham un sacrificio: que entregue lo mismo que Él le había dado. ¿Por qué Dios tiene que ser tan drástico? Porque Abraham no fue capaz de entender que él tenía que preparar esa generación y Dios tenía que marcar la vida de ese muchacho para preparar Él mismo a la próxima generación. Abraham no veló por la continuidad del propósito de Dios. ¿Cómo iba Dios a marcar la vida de Isaac? Dios hizo un milagro delante de Isaac para que él viviera la experiencia de una provisión sobrenatural, y la pudiera transferir a otra generación.

> "Entonces alzó Abraham sus ojos y miró, y he aquí a sus espaldas un carnero trabado en un zarzal por sus cuernos; y fue Abraham y tomó el carnero, y lo ofreció en holocausto en lugar de su hijo" (Génesis 22:13).

La Iglesia se ha apoderado de Isaac y no ha querido llevarlo al altar de sacrificio por el temor a que la próxima generación haga algo diferente. Debemos saber que Dios ha colocado un carnero en el lugar del sacrificio para que lo ofrezcas en reemplazo, pero para entregar lo que Dios produce a través de ti, te pide que primero muera en tu corazón.

UNA GENERACIÓN QUE DEBE BENDECIR A LA SIGUIENTE

Abraham vio la resurrección aún antes de que los profetas comenzaran a hablar de la resurrección de Cristo. Él recibió una revelación en su tiempo.

En esa generación, hay un Dios que se revela, que se manifiesta. La única dificultad que yo he encontrado es que limitaron el propósito de Dios. Pero la razón más poderosa por lo que ocurrió esto fue porque no tuvieron un punto de referencia.

Si eres integrante de la primera generación y no tienes un punto de referencia, lo más probable es que estés tratando de tornar el evangelio de acuerdo a la experiencia religiosa que tenías anteriormente, sea cual fuera la tradición de la que provengas.

Por eso es necesario que estudies la Palabra de Dios. Ella es la única que te va a liberar de todo paradigma. Es necesario que renuncies a tu pasado, al Dios de tus padres y a las experiencias pasadas. Entrégale al Señor, además de tu corazón, tu mente. A veces la batalla está en cómo reconciliamos estas dos cosas.

El capítulo 11 del libro a los Hebreos, algunos lo conocen como el capítulo de los héroes de la fe, y dice:

> "Por la fe Abraham, cuando fue probado, ofreció a Isaac; y el que había recibido las promesas ofrecía su unigénito, habiéndosele dicho: En Isaac te será llamada descendencia; pensando que Dios es poderoso para levantar aun de entre los muertos,

de donde, en sentido figurado, también le volvió a recibir" (Hebreos 11:17-19).

Por la fe Abraham, al ser llamado, obedeció para salir de las creencias religiosas de sus antecesores. Nadie dice que todo lo que hizo la primera generación fue malo. El error de muchos es pensar que la generación anterior hizo todo mal. Sentaron nuestras bases, iniciaron la práctica de un evangelio de salvación, pero no tenían punto de referencia y necesitaban relacionarse con lo tangible y lo religioso para creer. Tenían que ungirlo todo con aceite, hasta las propiedades, como si eso creara un efecto mágico para que no entraran los demonios.

ENTRÉGALE AL SEÑOR, ADEMÁS DE TU CORAZÓN, TU MENTE.

Nuestra generación sabe que, en el Nuevo Testamento, la única vez que se unge personas es cuando están enfermas. Ni a los líderes se les unge. La Biblia dice que se les imponga mano para transferirles autoridad. Así se transfiere autoridad de una generación a otra.

No necesitamos aceite contra el diablo. El demonio entra si tú le das autoridad para que entre, pero si tus propiedades son de Dios y tuyas, allí no hay demonio que pueda habitar. La verja del Espíritu Santo rodea todo lo que es de Dios y tuyo.

Nuestra generación tiene otra revelación, y la próxima tendrá otra. Pero es necesario saber que la próxima generación no recibirá su potencial hasta que se reconcilie con la generación anterior. Esto funciona de la siguiente forma. Si yo estoy enojado con mi padre, quien tiene mi herencia, y llegase a morir enojado conmigo y yo con él, no podrá imponer sus manos sobre mí y transferir lo que tiene de una generación a la otra. Por eso es importante que aunque la generación anterior no me haya entendido y me haya juzgado mal, me reconcilie con ellos para que puedan bendecirme, y yo pueda recibir la porción que me corresponde para incrementarla en mi generación.

> NUESTRA GENERACIÓN TIENE OTRA REVELACIÓN, Y LA PRÓXIMA TENDRÁ OTRA. PERO ES NECESARIO SABER QUE LA PRÓXIMA GENERACIÓN NO RECIBIRÁ SU POTENCIAL HASTA QUE SE RECONCILIE CON LA GENERACIÓN ANTERIOR.

No cargues amargura contra la primera generación. Reconcíliate para que no tengas que testificar la amargura y el dolor que eso produjo en ti. Cuando Abraham, por la fe y en obediencia, aceptó su llamado, te alineó a ti en el propósito de Dios.

Abraham recibió el lugar que le pertenecía por herencia divina. Por la fe, habitó como extranjero en la tierra prometida como en tierra ajena, morando en tiendas con Isaac y Jacob, coherederos de la misma promesa. De una generación a otra, fluye la misma promesa. Dios aumenta la capacidad y la revelación, pero la promesa es la misma.

Por la fe también, la misma Sara, siendo estéril, recibió fuerzas para concebir, y dio a luz aún fuera del tiempo biológico porque creyó que era fiel quien lo había prometido. Por lo cual, de uno que casi iba a morir, salió una multitud como las estrellas del cielo e innumerables como la arena que está en la orilla del mar.

A esa primera generación le costó mucho permanecer en la fe porque cada vez que Dios le pedía lo que era su promesa, ellos comenzaban a renegar de Dios y a rechazarlo. Cada vez que Dios pedía un Isaac, ellos creían que todo se había acabado, y sin embargo, era el inicio de algo poderoso para la próxima generación. Era el tiempo para que Dios le revelara las estrellas y la multiplicación que venía.

CONCLUSIÓN

1. La primera generación es llamada por Dios, pero tenía puntos de referencia religiosos que no eran iguales al Dios de los cielos. Al no tener punto de referencia, no confían en que el Dios que les llamó les protege. Asumen posturas que ponen en peligro la integridad del hogar. Esta generación está dispuesta a entregar a su esposa, que es el vientre que produce la generación de promesa. Su relación con Dios es progresiva, y toma el llamado por encima de todo, incluyendo su esposa. Pero Dios siempre va a proteger la matriz que carga su voluntad y propósito.

2. Esta generación tiende a cargar con Lot. Trae el recordatorio continuo del lugar de donde salió. Mientras tengas un recordatorio del sitio de dónde saliste y no lo sueltes, no se te permitirá ver hacia dónde vas. Lot podría ser una bendición si lo miras como un acompañante, pero se convirtió en una dificultad para lo que Dios quería hacer con Abram. Por otro

lado, donde quiera que Abram fuese, aunque fuera el desierto, tendría bendición.

3. Cuando Abraham estaba preocupado por quién sería su sucesor, Dios le indica que no sería el esclavo. La costumbre hebrea dictaba que, cuando no había hijos, el esclavo de mayor antigüedad heredaba al amo. Esta generación se desespera y crea un Ismael por su cuenta, para hacer cumplir, a su manera, la promesa de Dios para Abram. Otra vez, sin punto de referencia, se apoyaron en lo natural, en lugar de esperar por Dios. En Ismael no hay sucesión porque no fue producto de la voluntad de Dios, pero recibió bendición y cuidado de Dios.

4. Para producir los cambios que afecten la próxima generación, Dios hace algo espectacular: cambia el nombre de Abram para cambiar su mentalidad. Ya Abraham no debe pensar en singular, sino como padre de naciones. Lo interesante es que a Sarai también Dios le cambia el nombre. Sara no estaba excluida del ministerio de Abraham, al contrario. Por alguna razón Dios preserva su vientre.

5. La próxima etapa en la vida de Abraham es llevar a su hijo al altar del sacrificio. Isaac no es producto de tu capacidad natural ni espiritual, sino es producto de la gracia, la misericordia y la promesa. Los hombres que rehúsan entregar a Isaac están cortando la posibilidad de progreso para la próxima generación. Isaac representa toda promesa divina. Tenemos que aprender a desprendernos del Isaac que es producto de un milagro, para transferir la promesa de Dios a la siguiente generación.

Capítulo dos

LA TRANSFERENCIA DUAL:

LA GENERACIÓN DE ISAAC

"Habita como forastero en esta tierra, y estaré contigo, y te bendeciré; porque a ti y a tu descendencia daré todas estas tierras, y confirmaré el juramento que hice a Abraham tu padre".

[GÉNESIS 26:3]

*P*ARA COMENZAR A estudiar la segunda generación, no podemos dejar de lado a la primera, ya que están totalmente entrelazadas. La segunda generación es una extensión de la primera.

La segunda generación tiene una característica fácil de superar. Su punto de referencia es la falta de referencia que tenía la anterior. Es un punto de referencia distorsionado porque ocurre una transferencia dual. Abraham transfiere a Isaac todo lo bueno que vivió, pero también lo malo. Por eso notamos que esta generación repite los errores de la generación anterior. El peligro es que no avanza mucho y no se dice mucho sobre ella. Sin embargo, se distingue en algunos aspectos dignos de observar.

Si algo pasó de la primera a la segunda generación es imposición. Abraham imprimió en Isaac todo lo que tenía. Hay una impartición de una generación a la otra. La Biblia lo relata así: *"Abraham dio todo cuanto tenía a Isaac"* (Génesis 25:5). Abraham estableció en Isaac todo lo que tenía. La primera generación traspasó todo lo que tenía a la siguiente: lo bueno y lo malo, todo.

La transferencia llega a nosotros por herencia, pero hay cosas que llegarán a ti por trato de Dios. Por una parte, la primera generación fue muy responsable de tomar el depósito de Dios y asegurarse de que Isaac lo recibiera. Pero por otra parte, el peligro es que traspasan lo bueno y lo malo.

La primera generación tuvo un trato directo con Dios. Todo lo que entendió, lo adquirió directo de Él. No tenían un punto de referencia anterior. Pero en la segunda, tercera y hasta la cuarta generación, lo que debe existir, aunque haya trato de Dios, es transferencia.

LA TRANSFERENCIA LLEGA A NOSOTROS POR HERENCIA, PERO HAY COSAS QUE LLEGARÁN A TI POR TRATO DE DIOS.

Hay tres cosas que tu generación debe saber:

1. ¿Qué va a oír? ¿De quién escuchará la Palabra? La tendencia, especialmente en la segunda generación, es oír las tradiciones de nuestros padres. Lo que tienes que oír es la voz de Dios para tu generación.

2. ¿Por qué estás marcado? En la segunda generación, las heridas producen algún grado de frustración y tú vas a actuar de acuerdo a ellas. Ésta es la generación que queda liberada y funciona a base de la gracia y el perdón de la liberación de su espíritu.

3. Actuar lo que te fue revelado. Cuando algo te es revelado, actúa en esa revelación. Por ejemplo, es importante asimilar los procesos de adelantos tecnológicos. La tecnología de los celulares, de la industria automotriz, de las computadoras, en su mayoría son inventos creados fuera de tu generación. Sin embargo, para poder estar actualizado, tienes que saber manejar los eventos de esta generación. Eso no se nos hace difícil.

Lo que se nos hace difícil es adaptarnos a que Dios quiere renovarnos constantemente.

4. Hubo una generación completa aburrida en las iglesias porque no se le dio oportunidad para pensar como una generación aparte. Se le obligó a pensar como la primera generación. Se le dijo que Dios se manifestaba de una sola manera, que los cánticos se entonaban de una sola forma y que Dios se aparecía en un solo lugar. Ése fue un gran error.

LAS MARCAS DE ISAAC

Abraham muere a los ciento setenta y ocho años. Esta primera generación no ve más allá de su circunstancia natural y Dios tiene que permitir que mueran en lo físico, para producir una segunda generación, fruto del milagro de una Palabra de Dios.

La segunda generación está representada en un hombre que se llama Isaac, cuyo nombre significa "risa". ¿Recuerdas la historia que declaraba la imposibilidad de su nacimiento? Cuando las posibilidades naturales se habían acabado, nació Isaac.

Desde el principio Isaac fue marcado. Sara, su madre, pensaba que cuando las mujeres escucharan que una anciana de su edad había tenido un bebé, se reirían de ella. Era imposible que ocurriera ese milagro. De ahí viene el nombre de Isaac. Esa generación tiene una marca porque no ve la posibilidad de que Dios haga un milagro. Le creen a Dios, pero le ponen límites.

La segunda marca que llevaba Isaac con él fue cuando su padre lo llevó al altar del sacrificio, aunque haya sido una orden de Dios. Hay una generación que ha sacrificado a Isaac, lo ha llevado al altar y lo amarró con sogas. El muchacho no estaba preparado para lo que venía. De alguna forma, Abraham estaba esperanzado en que Dios obraría un milagro, que haría algo, y ciertamente fue así. Pero el muchacho no estaba preparado para conocer a Dios en el lugar donde sería sacrificado. Imagino que algo Abraham debió haber hecho, por lo menos profetizarle diciendo: "Hijo mío, Dios proveerá un cordero para el sacrificio". Pero mientras decía esto, al mismo tiempo lo subió a la montaña y lo amarró.

Muchas veces, los hijos de pastores representan a Isaac. Los padres han sacrificado todo por el ministerio. Lo hacían por Dios, pero sus hijos fueron sacrificados.

Muchas iglesias les pagaban a sus pastores en efectivo, en un sobre con dinero. Ése era su salario. Sin embargo, estos pastores de la primera generación debían orar cada día por provisión y sus hijos eran los que vivían el sacrificio. Ellos no podían usar los zapatos deportivos de marca reconocida como el resto de sus amigos. Tampoco podían usar los mahones de moda como los demás. La familia no podía tomar vacaciones en la playa como los otros miembros de la iglesia. Esta es la marca que experimenta la segunda generación. Los hijos de los pastores saben del quebrantamiento y del dolor que esto causa porque quedan marcados por las limitaciones de la primera generación.

Los hijos de pastores fueron marcados porque alguien los llevó al altar. Dios ha hecho provisión para ellos porque no tuvieron que morir en ese altar, pero quedaron marcados. Si no entiendes lo que eso significa, no te metas con ellos, porque puedes herirlos más. Hoy estos muchachos son grandes trabajadores para la obra del Señor porque eso fue lo que aprendieron. El peligro es que tienen la tendencia automática de repetir los mismos errores de sus padres.

La primera generación es una generación rígida. La segunda lo es menos, pero está quebrantada porque aunque les dolió que los amarraran y los pusieran en el altar, vieron al carnero atrapado. Ellos vieron a Dios proveerles a sus padres de manera sobrenatural.

La primera generación quiere que la segunda ore como ellos, dirija culto como ellos, cante como ellos, y sean exactamente como ellos. La segunda generación no sabe que, a través de esa imposición, ha recibido una marca emocional en sus vidas, pero igualmente ve lo sobrenatural. Ésa es la transferencia dual: sufren el dolor del sacrificio a los que sus padres les sometieron por el llamado ministerial, pero vieron la manifestación sobrenatural de Dios.

El ambiente de hostilidad alrededor de Isaac marcó también su vida, ya que la primera generación creó a un Ismael que puedes echarlo de la casa, pero no de tu vida ni de la influencia que va a tener sobre tu vida. Esta generación fue marcada por los errores de sus padres traspasados a ellos. Con ese traspaso viene el dolor. Sin querer, te encuentras compitiendo con un Ismael que no debería estar ahí porque no fue lo que Dios ordenó.

En lo natural, Ismael se veía como el primogénito, y su madre Agar sabía quién había nacido primero. Por lo tanto, va a imponer una exigencia en la vida de su hijo y va a mantenerlo cerca de la vida de Abraham porque ella sabe que tiene que haber una herencia para Ismael también.

La Biblia no dice mucho sobre Isaac, pero hay tres cosas relevantes que quiero destacar:

RECIBE LA MISMA
PROMESA DEL PADRE

Asombrosamente, vemos la historia de Abraham reflejada en su hijo Isaac. Cuando Isaac era un hombre, recibió una instrucción para su generación que se asemeja a la que recibió su padre. Sin embargo, debió oír la voz de Dios por él mismo.

Dios le había dicho a Abraham que fuera a Egipto cuando había hambre en su tierra, y Abraham obedeció. Esta misma necesidad surge en tiempo de Isaac, pero en este caso Dios le dice que no vaya a Egipto.

> "Y se le apareció Jehová, y le dijo: No desciendas a Egipto; habita en la tierra que yo te diré" (Génesis 26:2).

Isaac oyó, entendió y actuó. ¿Qué oyó? Que no fuera a Egipto. ¿Qué entendió? Que no debía ir a Egipto. ¿Qué hizo? No fue a Egipto.

Aquí comienza el trato de Dios con Isaac. Él personalmente tiene que oír a Dios. Ya no era lo que Dios le decía a su padre, sino lo que Dios le decía a él. Dios habla a la segunda generación como a la primera.

Podemos decir que una generación ha tenido un trato de Dios cuando oye, entiende y actúa en lo que Dios ha declarado para ellos en ese tiempo. Las instrucciones de parte de Dios fueron:

> "Habita como forastero en esta tierra, y estaré contigo, y te bendeciré; porque a ti y a tu descendencia daré todas estas tierras, y confirmaré el juramento que hice a Abraham tu padre. Multiplicaré tu descendencia como las estrellas del cielo, y daré a tu descendencia todas estas tierras; y todas las naciones de la tierra serán benditas en tu simiente, por cuanto oyó Abraham mi voz, y guardó mi precepto, mis mandamientos, mis estatutos y mis leyes" (Génesis 26:3-5).

La palabra en hebreo para juramento es *"shaba"*, que significa "estar completo". Es convertirte en un siete, el número de la plenitud. De esa forma, confirmó lo que es completo: "Confirmaré el *'shaba'* que hice a Abraham tu padre".

Dios está confirmando que lo que le prometió a Abraham también era para Isaac. Aquí está la transferencia. Pero hay una diferencia entre la transferencia y el trato de Dios, que es oír, entender y actuar. La segunda generación, además de la transferencia que recibe de la primera, también tiene trato directo con Dios.

Dios dijo: "Multiplicaré tu descendencia como las estrellas del cielo, y daré a tu descendencia todas estas tierras; y todas las naciones de la tierra serán benditas en tu simiente". Esto se lo dijo a Isaac, pero es lo mismo que le dijo primero a Abraham. Nota que hay una diferencia; hay un cambio en esta generación. Dios no le pide a Isaac que salga y mire las estrellas, sino solamente le asegura: "Multiplicaré tu descendencia como las estrellas del cielo".

Abraham era quien tenía que ver las estrellas del cielo para poder creer. Ahora Isaac sólo necesitaba creerlo. La misma promesa que le había dado a Abraham, ahora era para Isaac. La segunda generación carga la promesa de la primera. La promesa va de generación en generación. La forma como se desarrolla el propósito de Dios va a ser diferente en todas las generaciones, pero la promesa seguirá siendo la misma.

> "Por cuanto oyó Abraham mi voz, y guardó mi precepto, mis mandamientos, mis estatutos y mis leyes" (Génesis 26:5).

Mientras tú y yo estamos frustrados con el legalismo de la primera generación, Dios dijo: "Obedecieron las leyes, mandamientos, preceptos, me obedecieron". La primera promesa era de la primera generación, pero la extendió a la segunda porque la primera fue obediente.

LA FORMA COMO SE DESARROLLA EL PROPÓSITO DE DIOS VA A SER DIFERENTE EN TODAS LAS GENERACIONES, PERO LA PROMESA SEGUIRÁ SIENDO LA MISMA.

La primera generación dejó la tierra y la parentela, escuchó la voz de Dios y comenzó todo el proceso. Tú eres la continuación de algo poderoso. Dios no está enojado con esa generación. Lo que Dios quiere es que escuches qué hay de parte de Él para tu generación.

REPITE LOS ERRORES DE SU PADRE

"Y los hombres de aquel lugar le preguntaron acerca de su mujer; y él respondió: Es mi hermana; porque tuvo miedo de decir: Es mi mujer; pensando que tal vez los hombres del lugar lo matarían por causa de Rebeca, pues ella era de hermoso aspecto" (Génesis 26:7).

Como podemos observar a través del texto, la segunda generación también estuvo dispuesta a sacrificar a su esposa por preservar la promesa. Este texto surge inmediatamente después de una promesa en Génesis 26:1-5.

Esto mismo lo vimos en la primera generación. Abraham

le pide a Sara que no diga que es su esposa, sino su hermana, porque tenía miedo de perder la vida. Cuando Abraham le dio todo a Isaac, según Génesis 25:5, le dio también sus temores, sus preocupaciones y su inseguridad.

Con esta segunda generación, hay que luchar constantemente porque entregan muy fácilmente lo que Dios les ha dado, pues eso fue lo que vieron de la generación anterior. En esa lucha que también tienen con ellos mismos les da lo mismo estar o no estar conectados con Dios. Se sienten enojados y frustrados, y no saben con quién ni por qué. Entonces se castigan con ayunos y con oraciones que son vanas repeticiones. No ayunan por agradar a Dios, sino porque se sienten ineptos y creen que su salvación depende del ayuno. No vieron gracia en la primera generación y hacen ejercicios religiosos para apaciguar la mente y el espíritu, pero hoy están activos y mañana inactivos. Les ponen el peso a quienes los estaban dirigiendo porque no hubo transferencia, y hasta que no llegue el trato con Dios, no van a tener un desarrollo espiritual. Es Dios quien los quebranta. Ellos aman a Dios, pero no han alcanzado el trato con Dios porque recibieron transferencia de lo bueno, pero como Isaac, también de lo malo.

Al igual que su padre, Isaac estaba dispuesto a sacrificar su casa, su esposa. Durante dos generaciones, estos hombres no tuvieron la claridad de lo que significa el vientre de sus esposas, que son las portadoras de la promesa de la próxima generación. Al igual que en el tiempo de su Abraham, Dios viene a la defensa, no sólo de Isaac, sino de las próximas generaciones. Todavía Dios sigue cuidando el vientre de la Iglesia.

Aunque esto es una réplica de lo que Dios hizo en la primera generación, Él, en una forma extraordinaria, mueve a Isaac a que tenga una experiencia personal. Cada generación tendrá una experiencia propia con Dios, aún cuando algunas repitan lo que hizo la generación anterior.

TODAVÍA DIOS SIGUE CUIDANDO
EL VIENTRE DE LA IGLESIA.

CAVA SUS PROPIOS POZOS

Cuando Dios habló con Isaac y le dijo que no fuera a Egipto, sino que se quedara en tierra de Gerar donde Abimelec era rey de los filisteos, Isaac obedece. Allí recibe bendición y multiplicación.

> "Y sembró Isaac en aquella tierra, y cosechó aquel año ciento por uno; y le bendijo Jehová. El varón se enriqueció, y fue prosperado, y se engrandeció hasta hacerse muy poderoso" (Génesis 26:12-13).

Isaac era poderoso porque la bendición de su padre había caído sobre él. La multiplicación había descendido sobre su vida. Todo lo que tenía aumentaba: lo bueno y lo malo.

> "Y tuvo hato de ovejas, y hato de vacas, y mucha labranza; y los filisteos le tuvieron envidia. Y todos los pozos que habían abierto los criados de Abraham su padre en sus días, los filisteos los habían cegado y llenado de tierra. Entonces dijo Abimelec a Isaac: Apártate de nosotros, porque mucho más poderoso que nosotros te has hecho" (Génesis 26:14-16).

Cuando el rey Abimelec le pide que se vaya, Isaac se va a la zona del valle e intenta buscar y abrir los mismos pozos de agua que había abierto su padre, y que los filisteos habían cegado después de su muerte.

> CADA GENERACIÓN TENDRÁ UNA EXPERIENCIA PROPIA CON DIOS, AÚN CUANDO ALGUNAS REPITAN LO QUE HIZO LA GENERACIÓN ANTERIOR.

Isaac regresa a la experiencia de su padre. Los pozos representan bendición. Es la forma de sostener tu ganado y aquellas tierras que Dios te ha dado. También representan vida porque tienen agua.

Los pozos que su padre o sus criados habían cavado no tenían agua. Por lo tanto, no tenían vida. Si Dios le había dado esos pozos a Abraham, ¿por qué no estaban lo suficientemente cuidados para seguir dando vida? Porque llega un momento cuando Dios comienza a empujar a la segunda generación. Hay eventos en la vida a donde Dios te invita y hay eventos a donde Dios te empuja. Dios no quiere que Isaac se quede en el pozo que su padre cavó.

Varios fueron los pozos que Isaac fue a abrir, entre ellos:

EL POZO DE ESEK

"Pero cuando los siervos de Isaac cavaron en el valle, y hallaron allí un pozo de aguas vivas, los pastores de Gerar riñeron con los pastores de

Isaac, diciendo: El agua es nuestra. Por eso llamó el nombre del pozo Esek, porque habían altercado con él" (Génesis 26:19-20).

El primer pozo que Isaac trata de abrir y limpiar, se llama Esek, que significa "rencilla". La segunda generación con lo primero que lucha es con la rencilla. Cuando comienza su transición y Dios empieza a moverlos, todo lo que ven es rencilla. Solía pasar que al entrar por la puerta de la iglesia, te miraban de arriba abajo, con recelo. Ellos no miraban el don de Dios que había en ti ni tus capacidades espirituales, sino cómo estabas vestido. Si algo pasaba en la vida de alguien se le humillaba, en vez de llamarlo aparte y salvar el espíritu y la vida de esa persona.

Éste es el primer pozo que tienes que superar. Tienes que dejar el chisme atrás porque eso trae rencilla. Dios te está empujando a moverte un paso más porque no solamente te está viendo a ti, sino a la próxima generación que se desarrollará después de ti.

Por esa razón, cuando trataron de abrir el pozo de Esek, protestaron y pelearon contra él. Isaac se tuvo que mover de ese lugar, pero fue Dios quien lo movió para que no se quedara en un pozo que le iba a dar agua de rencilla.

EL POZO DE SITNA

"Y abrieron otro pozo, y también riñeron sobre él; y llamó su nombre Sitna" (Génesis 26:21).

El segundo pozo se llamaba Sitna, que quiere decir "repeticiones, tradiciones". Este es el pozo de la tradición. Dios quería mover a Isaac también de este pozo para que no se quedara estancado en una mentalidad tradicionalista. Cada vez que Isaac destapaba un pozo, Dios lo movía para empujarlo a una nueva dimensión.

Igualmente, cuando Dios te empuja, es para llevarte a otra dimensión. No fue que tú te moviste, no fue que te invitaron. No fue que tú entendiste que podías ser libre. Te empujaron. Pero ese empujón no te dejó seguir bebiendo aguas que iban a ser lo mismo siempre. Cuando tuviste que abandonar tradiciones sin sentido, algo te empujó a hacerlo. Te inculcaron tantas cosas que Dios te tuvo que empujar para que te fueras. Probablemente el primer día tuviste un sentimiento de culpabilidad, pero fuiste libre de esas estructuras legalistas que sólo te mantenían encerrado.

Un viernes llegué a la oficina de la iglesia para trabajar, vestido con mahones azules. Alguien que formaba parte de esa segunda generación me preguntó cuántos años de disciplina me hubieran dado en otros tiempos, otras congregaciones, si hubieran visto al pastor vestido de esa forma. Esto produjo unos instantes de risa junto a los que allí estaban, pero representa a las claras a aquellos que tuvimos que pasar por ese pozo y fuimos empujados por Dios para salir de allí.

EL POZO DE REHOBOT

"Y se apartó de allí, y abrió otro pozo, y no riñeron sobre él; y llamó su nombre Rehobot, y dijo: Porque ahora Jehová nos ha prosperado, y fructificaremos en la tierra" (Génesis 26:22).

Rehobot significa "amplitud, anchura, avenida o área espaciosa". La transferencia que hemos recibido de la primera generación nos limita. Es por eso que Dios quiere que la segunda generación entienda su amplitud, las calles y avenidas que Él tiene. No tenemos que limitarnos a utilizar el mensaje con el formato tradicional o cantar un corito de los clásicos. Podemos alcanzar a los jóvenes de otra forma, por ejemplo, con la música de rap. Tal vez ésa es una de las avenidas para que conozcan al Señor.

Muchos feligreses y hombres de Dios que son liberados no tienen un punto de referencia saludable, y su transferencia tuvo mucha limitación, así que se van a un extremo en su conducta. Dios no quiere que te quedes en áreas espaciosas donde no tengas controles. Dios te empuja de ahí también porque necesitas balance en tu vida.

Abrir este pozo es extraer amplitud. Quienes lo abren deben saber que entran a territorio nuevo. Todo lo nuevo viene con cierto grado de incertidumbre. No es lo mismo caminar por una carretera de polvo y piedra, que por una autopista de varios carriles. Nuestra visión debe incluir anchura. Lo estrecho se vuelve común y se puede controlar. Lo espacioso es ancho y en ocasiones incontrolable, pero si seguimos la dirección de Dios y nos mantenemos en su propósito, podremos recibir la revelación de su amplitud, en total control.

EL POZO DE BEERSEBA Y EL DE SEBA

"Y de allí subió a Beerseba. Y se le apareció Jehová aquella noche, y le dijo: Yo soy el Dios de Abraham tu padre; no temas, porque yo estoy contigo, y te bendeciré, y multiplicaré tu descendencia por amor de Abraham mi siervo" (Génesis 26:23-24).

Beerseba es el pozo del juramento. También tiene que ver con el número siete, con "completar". Allí se le aparece Dios a

Isaac y hace pacto con él. Ya no es una dependencia de lo que Abraham le dijo, sino de lo que Dios le ha revelado a él. Allí Dios hace pacto contigo y ahora tú dependes de la revelación que Él te da. Pero todo no termina ahí, sino en el pozo de Seba.

NUESTRA VISIÓN DEBE INCLUIR ANCHURA.

Observa el proceso de la segunda generación. Dios te empuja la primera vez y se fue la rencilla. Te empuja la segunda vez y se fueron las tradiciones. Te empuja la tercera vez y te mueve a lugares espaciosos. Entonces hay una altura a la que tú llegas, que representa lo completo de Dios para tu vida.

> "En aquel día sucedió que vinieron los criados de Isaac, y le dieron nuevas acerca del pozo que habían abierto, y le dijeron: Hemos hallado agua.
> Y lo llamó Seba; por esta causa el nombre de aquella ciudad es Beerseba hasta este día" (Génesis 26:32-33).

El pozo de Seba tiene que ver con Beerseba, la ciudad. Mientras que Seba es *'shib-aw'*, siete o lo completo, Beerseba es "pozo de pacto". Sólo puedes hacer pacto si estás completo. Requiere cavar y llegar al lugar específico; estar completo, pero en el pozo de pactos.

> RECUERDA QUE HAY EVENTOS A
> DONDE DIOS TE INVITA Y OTROS
> MOMENTOS DONDE DIOS TE EMPUJA.

Cuando te mueven a Beerseba, entras en lo completo de Dios para tu vida; en la plenitud de Dios. Recuerda que hay eventos a donde Dios te invita y otros momentos donde Dios te empuja. Dios no quería que Isaac se quedara en el pozo que su padre levantó, sino que cavara sus propios pozos. Así es que el siguiente proceso de Dios con Isaac fue empujarlo y volver a empujarlo hasta que la transferencia llegara al punto donde se convirtiera en un trato de Dios.

LA BENDICIÓN A LA SIGUIENTE GENERACIÓN

En esta generación surge algo bueno. Aunque fueron formados en mucha tradición porque fue lo que aprendieron, Isaac hizo algo importante: no se fue de este mundo hasta que bendijo el propósito de Dios para la próxima generación.

"Aconteció que cuando Isaac envejeció, y sus ojos se oscurecieron quedando sin vista, llamó a Esaú su hijo mayor, y le dijo: Hijo mío. Y él respondió: Heme aquí" (Génesis 27:1).

"Y le dijo Isaac su padre: Acércate ahora, y bésame, hijo mío. Y Jacob se acercó, y le besó; y olió Isaac el olor de sus vestidos, y le bendijo, diciendo: Mira, el olor de mi hijo, Como el olor del campo que Jehová ha bendecido; Dios, pues, te dé del rocío del cielo, Y de las grosuras de la tierra, Y abundancia de trigo y de mosto. Sírvante pueblos, Y naciones se inclinen a ti; Sé señor de tus hermanos, Y se inclinen ante ti los hijos de tu madre. Malditos los que te maldijeren, Y benditos los que te bendijeren" (Génesis 27:26-29).

Éste es el sello de una palabra. Hasta este momento, Isaac no sabía que estaba bendiciendo a Jacob en lugar de bendecir a Esaú. El espíritu de Jacob es el espíritu de la tercera generación. Él no lo sabía, pero la palabra que Isaac pronunció sobre la vida de este muchacho es una palabra que sella su destino. Es importante que no te vayas de este mundo hasta que no hayas bendecido a la siguiente generación, pero tienes que ser capaz de saber bendecir a la persona correcta. Si no puedes discernirlo es porque estás marcado por la tradición. Es la tradición la que le dice a Isaac que bendiga a Esaú, pero Esaú vendió la primogenitura. Isaac por estar marcado, no pudo verlo, y Dios tuvo que usar a Rebeca.

TIENES QUE SER CAPAZ DE SABER
BENDECIR A LA PERSONA CORRECTA.

Para producir la próxima generación, Dios cambia el orden natural y establece su orden. El nacimiento de esa generación ocurre cuando Dios ordena su Palabra profética para que prevalezca sobre el mundo natural. Él tiene el poder para hacerlo.

CONCLUSIÓN

¿Identificaste cosas en ti que se asemejan a esta generación?

En primer lugar, la segunda generación recibe todo de la generación anterior.

En segundo lugar, la segunda generación es producto de un nacimiento milagroso. Cuando lo natural se muere y lo sobrenatural toma su lugar, es producto de algo de Dios. Por esa razón, gloria a Dios por los hijos de pastores. Sin embargo, muchos de ellos se han perdido debido a la marca, la frustración, las heridas. Los puntos de referencia que tuvieron no fueron los mejores. Algunos de ellos hasta viven apartados, pero aman a Dios Las heridas y frustraciones fueron tan grandes que le tienen miedo a Dios. Le presentaron a un Dios que les da temor. Oremos por esa generación. Muchos de ellos están supuestos a estar en un altar y no están allí. No son fáciles para ministrar. Cuando logras obtener su confianza, debes tener el cuidado de no defraudarlos nuevamente porque son gente sensible. Si te estoy describiendo, es tiempo de sanar tus heridas.

PARA PRODUCIR LA PRÓXIMA
GENERACIÓN, DIOS CAMBIA EL ORDEN
NATURAL Y ESTABLECE SU ORDEN.

En tercer lugar, la segunda generación está formada por aquellos hijos que fueron llevados al altar de sacrificio para probar la fe de sus padres. Esto no pasa en todas las generaciones; sólo de la primera a la segunda. Dios no estaba probando la fe de Isaac, sino la de Abraham. Si eres parte de la segunda generación y te llevaron al altar del sacrificio, tienes que entender que Dios estaba probando la fe de tus padres. Dios no está enojado contigo. Tu corazón es tan sensible y noble, que no te vas a rebelar contra Dios. Estás marcado, herido, pero todavía amas a Dios.

En cuarto lugar, la segunda generación recibe la bendición profética de sus padres.

DIOS NO ESTABA PROBANDO LA FE
DE ISAAC, SINO LA DE ABRAHAM.

En quinto lugar, la segunda generación recibe la herencia de los pozos, pero son echados de ellos hasta que cavan sus propios pozos. Toda generación conocerá a Dios en forma individual y personal.

En sexto y último lugar, la segunda generación no se va hasta que bendice a la siguiente generación.

Capítulo tres

DIOS TIENE EL PODER DE CAMBIAR EL ORDEN NATURAL:

La generación de Jacob

UESTRO DIOS ES un Dios que se mueve con los tiempos. Cada generación no es igual. Aunque lo que se transmite de una generación a otra es la misma bendición, la misma promesa, cada generación tendrá su distintivo. Con cada generación, Dios expande la visión, y aumenta la revelación y la capacidad de recibirla.

De pequeños, a medida que crecíamos, nos decían que Dios es el mismo ayer, hoy y por los siglos. Pero esta enseñanza verdadera pretendía formar en nosotros la idea de que Dios es el mismo siempre y que se manifiesta siempre de la misma manera. Es un gran error creer esto porque Dios se manifiesta según los tiempos y responde a ellos.

Sin embargo, insistimos en ver a Dios de una sola manera. El tiempo responde a lo que Dios quiere hacer para ese momento en particular. Cada generación tiene algo que ver con un trato único de Dios. Abraham tuvo una experiencia particular con Dios. Isaac fue empujado de un pozo a otro hasta que estuvo en su propio pozo. Cada generación tiene un trato único de Dios.

De igual manera, estamos descubriendo que cada generación tiene un distintivo que lo marca, a veces negativamente. Podemos ver la mano de Dios obrando, el favor de Dios, la palabra profética, todo lo bueno de Dios, pero también vemos la fragilidad humana y cómo en cada generación hay algo que se distingue por lo negativo. Por ejemplo, Abraham entregó a su esposa, dos veces, porque no tenía punto de referencia. En el caso de Isaac ocurrió una vez, ya que la segunda generación tiene el punto de referencia distorsionado. Cada generación tiene algo negativo que lo marca.

CON CADA GENERACIÓN, DIOS EXPANDE LA VISIÓN, Y AUMENTA LA REVELACIÓN Y LA CAPACIDAD DE RECIBIRLA.

Para poder disfrutar, entender y abrazar a la siguiente generación, tienes que estar cerca de ellos. Es necesario notar que la primera generación necesita una experiencia usualmente externa. Necesitan elementos tangibles para ver a Dios manifestarse en su vida. Pero mientras más cerca estés de la siguiente generación, necesitarás menos elementos tangibles y menos manifestaciones estrambóticas porque comenzarás a caminar en una verdad.

Si eres parte de la segunda generación y recibiste una imagen distorsionada de lo que es el evangelio, entonces ¿qué le pasa a la tercera generación? Tus hijos son la tercera generación. Ellos necesitan ser tratados de una manera que tú los entiendas porque ya Dios los entiende. El problema no es con Dios, sino contigo.

La primera generación no entendió que todo lo de Dios se transfiere. La gloria de Dios se transfiere, la bendición se transfiere y el trato de Dios se transfiere a la próxima generación. Cuando pensamos que no se transfiere, le cortamos la bendición de Dios a una generación completa. Tú eres quien transmite a la próxima generación. Por ejemplo, cada vez que tú te enojas con el hombre de Dios y te quejas de tu iglesia, limitas a la próxima generación de ver a Dios en toda su magnitud.

Puedes disgustarte por lo que quieras, pero no le quites a tus hijos la posibilidad de creerle al Dios que tú le crees.

Mira el vacío que se creó dentro de las iglesias evangélicas de la segunda generación porque la mayoría de esos muchachos no están en la casa del Señor. Me preocupa esa primera generación que no hace transferencia, no da mentoría para levantar hombres de Dios en una segunda generación. Entonces tenemos una generación marcada emocionalmente porque sus padres los sacrificaron por el llamado ministerial. Lo primero que sale de la boca de los que conforman la primera y la segunda generación es que Cristo viene pronto.

A causa de la incapacidad de estas dos generaciones, Dios trata con la tercera generación porque los está llevando por un camino por donde nadie fue capaz de llevarlos. En la tercera generación veremos que hay cambios en el trato de Dios. Será un trato relacional. Esto va a distinguir a la tercera generación.

Hay un peligro con la tercera generación. Hay que conquistarla porque tienen promesa. No podrás llegar a la cuarta generación si no rescatas a la tercera. No llegas a la tercera si no rescatas la segunda. Ni llegas a la segunda si alguien no inicia. Es importante rescatar cada generación y alinearla con el propósito de Dios.

PRODUCTO DE UNA PALABRA PROFÉTICA

La tercera generación es producto de una palabra profética. Dios se especializa en actuar donde no hay posibilidades. Él crea algo que lleva definición profética, que lleva destino. Cuando lo humano no puede producir algo, Dios interviene, toca el cuerpo humano y produce lo sobrenatural.

NO PODRÁS LLEGAR A LA CUARTA GENERACIÓN SI NO RESCATAS A LA TERCERA.

Cada vez que Dios necesitaba que alguien se alineara con el propósito de esa generación y no ocurría así humanamente, Él escogía a un hombre y a una mujer, y tocaba el vientre de ella, para que ambos produjeran el propósito de Dios.

En todos los casos que hemos visto a Dios intervenir fue para producir cambios en esa generación. Por esa razón, ninguna generación debe menospreciarse, porque Dios la ha producido. Él produjo a Isaac cuando Abraham y Sara eran ancianos y no podían producir por ellos mismos. Por lo tanto, Isaac es producto de Dios.

En esta tercera generación pasa algo tremendo. Esta generación tiene un contacto con Dios diferente al de otras generaciones. Esto es parte de los cambios que van a ocurrir porque esta tercera generación surgirá a través de lo profético, de lo que Dios va a declarar.

En el caso de Abraham, Dios le dijo: "Voy a darte un hijo". Ahora Dios espera que el hombre sepa a dónde ir porque ya estamos transitando hacia la tercera generación, y los puntos de referencia deben estar claros.

> "Y oró Isaac a Jehová por su mujer, que era estéril;
> y lo aceptó Jehová, y concibió Rebeca su mujer"
> (Génesis 25:21).

¿Es la primera vez que ora Isaac a Jehová? No, pero esta vez era diferente. Dios estaba esperando esta oración. Él quería que Isaac despertara y le pidiera que tocara el cuerpo de su esposa.

En este caso, no es Dios el que está hablando y diciendo que va a tocar el vientre de Rebeca, sino al revés.

La importancia de Rebeca en esta historia es esencial. Cuando un hombre está demasiado amarrado a lo tradicional, Dios le trae una mujer que es capaz de creerle a Dios, más allá de lo tradicional. Para Rebeca era un nuevo tiempo porque ella era estéril. Cuando su cuerpo es tocado por la mano de Dios, ella produjo algo nuevo, pero algo sobrenatural está ocurriendo dentro de ella mediante ese embarazo.

> "Y los hijos luchaban dentro de ella; y dijo: Si es así, ¿para qué vivo yo? Y fue a consultar a Jehová" (Génesis 25:22).

Esta generación tiene una sensibilidad especial para lo profético. Isaac, como es parte de la segunda generación, todavía estaba muy atado a los puntos de referencia distorsionados. Por esa razón, Rebeca es la que comienza a despertar una sensibilidad a lo que es profético. Como madre, ella puede hablar a su bebé, y seguramente el niño reconoce la voz de su mamá.

Imagino a Rebeca hablándoles a sus hijos porque ella entendía que había una lucha en su vientre. Ella supo que no podía ir a hablar con Isaac porque la mujer conoce a su hombre, y decidió consultar directamente al Dios de los cielos. Rebeca sabía que Dios tiene las respuestas. Quizás no las que ella quería escuchar, pero respuestas que responden al tiempo preciso. Dios no se equivoca en sus respuestas. Él no está fuera de tiempo.

> "Y le respondió Jehová: Dos naciones hay en tu seno, y dos pueblos serán divididos desde tus entrañas; un pueblo será más fuerte que el otro pueblo, y el mayor servirá al menor" (Génesis 25:23).

De la boca de Dios vino palabra profética para esta mujer. Dios le dijo cuatro cosas importantes:

Primero: "Dos naciones hay en tu seno". Dios vio dos naciones. Una va a responder al tiempo profético. La otra responderá al tiempo natural.

Segundo: Dios le dice: "Dos pueblos serán divididos desde tus entrañas". Claramente cada uno de esos niños formaría parte de dos pueblos diferentes.

Tercero: "Un pueblo será más fuerte que el otro". Lo profético siempre será más fuerte que lo natural.

Cuarto: "El mayor servirá al menor. El primogénito servirá al menor". Esta profecía anunció que ocurriría algo al revés de toda tradición generacional.

Dios le dijo esto a Rebeca porque Isaac estaba tan encerrado en la tradición, que nunca lo hubiera entendido. Pero le habla a Rebeca para alinear el propósito de Dios. Comienza a cambiar el orden.

En lo natural, Esaú debe ser el próximo en línea genealógica: Abraham, padre de Isaac. Isaac, padre de Esaú. En lo natural, es así. Pero Dios le habla a esta mujer y le dice que va a haber cambios. Nosotros nos resistimos a los cambios. Por naturaleza somos criaturas de costumbres; los cambios no nos gustan. Lo peor que una mujer le puede hacer a un hombre es moverle el sillón donde tiene el control remoto, el televisor y el equipo de sonido. Somos criaturas de costumbres. Ponemos las llaves en el mismo sitio, colgamos el abrigo en el mismo lugar, y comemos siempre en el mismo lado de la mesa, usando la misma cuchara, el mismo plato y el mismo vaso.

Pero Dios le dice a Rebeca: "Estoy haciendo cambios". Cuando Dios dice esto, sus cambios no son lentos, sino inmediatos, porque en la promoción de generaciones hay urgencia del Espíritu para alinearnos con lo que Él quiere hacer para tu vida. Ya llevamos un tiempo de retraso porque hemos tenido puntos de referencia distorsionados. Es así como Dios empieza a alinearnos con velocidad, para estar en sintonía correcta con Él. Dios cambia las cosas con velocidad. Cuando Dios va a visitar a una generación, en una magnitud mayor, acelera los procesos.

Este es un momento histórico porque Dios cambia el orden natural para establecer su orden. Él tiene el poder por la Palabra que le habló a Abraham. En esa Palabra, también vio a José y todo lo que podía producir un hombre como él. También vio que un Esaú no podía producir un José; sólo un Jacob podía hacerlo.

EN LA PROMOCIÓN DE GENERACIONES
HAY URGENCIA DEL ESPÍRITU
PARA ALINEARNOS CON LO
QUE ÉL QUIERE HACER

Sé que a la mayoría de nosotros nos han hecho pensar que Jacob era tramposo, engañador, suplantador, como su nombre lo indica, porque asumió la posición de su hermano. A él se le llamó "suplantador" porque iba a tomar el lugar de su hermano. Diferente a la connotación que nos han dado, lo que realmente hizo Jacob fue reclamar el propósito de Dios para su vida. La Palabra que Dios le habló a Rebeca se le metió por dentro a Jacob aún antes de nacer. Desde que estaba dentro de su madre, ya él venía preparado para a tomar posesión de lo que Dios dispuso para él. La Palabra dice que al momento de nacer, Jacob estaba agarrado del calcañar de su hermano Esaú. Esta tercera generación sabe, desde el vientre de su madre, a dónde pertenece, y es capaz de luchar, pelear y hacer lo que tenga que hacer para posicionarse en el propósito de Dios.

> CUANDO DIOS VA A VISITAR A UNA
> GENERACIÓN, EN UNA MAGNITUD
> MAYOR, ACELERA LOS PROCESOS.

Seguramente muchos de los que están leyendo este libro forman parte de la segunda generación, y sus hijos responden a la tercera generación. Quizás no los entiendas, ves el desorden en sus vidas y ves cosas no convencionales en ellos, y crees que están perdidos. No es así. Dios se mueve en ellos de otras maneras y tu hijo ha sido marcado. Pero debes saber que el pastor de tu hijo puede profetizar sobre él, pero no tiene la autoridad para profetizarle al destino de tu hijo. El único que tiene esa autoridad, eres tú.

Tu esposa no fue llamada a bendecir a la próxima generación. El pastor no es el llamado a bendecir a la próxima generación. Los líderes de la iglesia no son llamados a bendecir a la próxima generación. El padre es el llamado por Dios para este desafío. El hombre puede echarle la culpa a la Iglesia, a los líderes, al diablo, a los demonios, a la cultura, a quien quiera.

Pero es el trabajo del padre bendecir a sus hijos y alinearlos para lo próximo que viene.

LA MANIFESTACIÓN DE ESAÚ

El nombre de Esaú significa "áspero y rígido". Éstas son características que responden a la primera generación. Pero Dios no va a retroceder a lidiar con Esaú porque no iba a regresar a la primera generación. Por esa razón quiso posicionar a Jacob.

ESTE ES UN MOMENTO HISTÓRICO PORQUE DIOS CAMBIA EL ORDEN NATURAL PARA ESTABLECER SU ORDEN.

Los Esaú responden más a la primera generación que a cualquier otra. Son rápidos en vender la primogenitura por un plato de lentejas porque prestan mucha atención a lo natural. En esta generación vas a conocer personas que muy fácilmente niegan a Dios. Por eso tienes que tener cuidado de cómo ministras a la tercera generación. Sin problema alguno, venden lo que es de Dios para su vida. Otros sí optan por reclamar su herencia divina. Entiende a esa generación y libérala. Lo que se ve como una trampa, puede ser una estrategia.

> "Y Jacob respondió: Véndeme en este día tu primogenitura" (Génesis 25:31).

En lo natural, vender la primogenitura parece mal, pero Jacob viene con una palabra profética desde antes de nacer. Esta Palabra decía que Jacob, el menor, sería mayor que su hermano.

Jacob conoce a Esaú y sabe identificarlo como una persona a quien le importan muy pocas cosas. Son hermanos, pero una de esas naciones es débil y la otra es fuerte; tan fuerte que era capaz de saber lo que es un momento importante y aprovechar ese momento. Jacob no era un tramposo. Era un hombre destinado a la grandeza. Se le presentó la oportunidad de alinearse con el propósito de Dios y le pidió a su hermano que le vendiera su primogenitura. El hermano sólo quería satisfacer el placer momentáneo y se la vendió.

En la tercera generación, vas a ver dos manifestaciones.

1. Personas comprometidas en adquirir su destino profético.

2. Personas a quienes no les importa cosa alguna y venden lo de Dios por cualquier cosa.

Los predicadores dicen que Jacob se robó la primogenitura, pero lo que en verdad ocurrió fue que Jacob tomó posesión de ella. A Esaú no le importaba la primogenitura. Como Jacob, tú tienes dos alternativas: tomas posesión de la bendición de Dios, o tienes el espíritu de Esaú, y no te importa la bendición.

Jacob luchó desde antes de nacer por el lugar que sabía que le pertenecía. Él cargaba una palabra profética desde el vientre de su madre. Jacob quería la bendición por compromiso y por relación. Otros la quieren por tradición. En el mundo natural, no podía recibir la promesa porque Isaac, su padre, favorecía a Esaú, estaba muy ligado a la tradición y lo iba a bendecir a él y no a Jacob.

"Entonces dijo Esaú: He aquí yo me voy a morir; ¿para qué, pues, me servirá la primogenitura? Y dijo Jacob: Júramelo en este día. Y él le juró, y

vendió a Jacob su primogenitura. Entonces Jacob
dio a Esaú pan y del guisado de las lentejas; y él
comió y bebió, y se levantó y se fue. Así menos-
preció Esaú la primogenitura" (Génesis 25:32-34).

LO QUE REALMENTE HIZO JACOB
FUE RECLAMAR EL PROPÓSITO
DE DIOS PARA SU VIDA.

A Esaú no le importaba la primogenitura. Él tenía hambre.
Sin embargo, Jacob anhelaba la primogenitura porque cuando
estaba en el vientre de su madre, Dios habló y esa Palabra se le
metió en su ADN. En el mundo espiritual, Jacob estaba recono-
ciendo su tiempo; poniéndose en el lugar de su destino. Jacob
quería bendición para relación con Dios.

"Aconteció que cuando Isaac envejeció, y sus ojos
se oscurecieron quedando sin vista, llamó a Esaú
su hijo mayor, y le dijo: Hijo mío. Y él respondió:
Heme aquí. Y él dijo: He aquí ya soy viejo, no sé
el día de mi muerte. Toma, pues, ahora tus armas,
tu aljaba y tu arco, y sal al campo y tráeme caza;
y hazme un guisado como a mí me gusta, y tráe-
melo, y comeré, para que yo te bendiga antes que
muera" (Génesis 27:1-4).

Cuando Rebeca escuchó que Isaac iba a bendecir a Esaú,
llamó a Jacob, y planearon una estrategia para que Jacob se
quedara con la bendición que Isaac le daría a su hermano.
Entonces decidió usar métodos no muy convencionales,

como matar un animal y ponerle su piel a Jacob, ya que su hermano era muy velludo y él, lampiño. Isaac estaba ciego y no podía distinguir bien. Seguramente Dios permitió esta ceguera para que no viera lo que estaba ocurriendo. Dios estaba cooperando con este plan. Si para despertar el espíritu de Jacob, Dios tenía que apagarle los ojos a Isaac, se los apagaría. Sin embargo, Rebeca sí veía bien. Dios la había enviado a ella para que viera lo que Isaac no podía ver.

ESTA TERCERA GENERACIÓN SABE, DESDE EL VIENTRE DE SU MADRE, A DÓNDE PERTENECE, Y ES CAPAZ DE LUCHAR, PELEAR Y HACER LO QUE TENGA QUE HACER PARA POSICIONARSE EN EL PROPÓSITO DE DIOS.

Rebeca preparó a Jacob, lo ayudó a ponerse la piel de aquel animal para que sus brazos parecieran velludos, y le dio la túnica de Esaú para que oliera como él. Juntos fueron ante Isaac.

Esaú estaba en el campo buscando animales para guisar, pero Jacob lo buscó entre sus propios animales, de su herencia. Él sabía que no tenía que irse lejos para encontrar lo que necesitaba. Jacob sabía que su herencia estaba cerca.

Esta generación sabe buscar de Dios. Tú tienes que orar seis meses y ayunar cinco semanas para escuchar la voz de Dios. Esa generación no ha cerrado bien los ojos cuando ya Dios le respondió. Ellos saben dónde está su herencia.

LA BENDICIÓN DE ISAAC

"Dios, pues, te dé del rocío del cielo, y de las grosuras de la tierra, y abundancia de trigo y de mosto. Sírvante pueblos, y naciones se inclinen a ti; sé señor de tus hermanos, y se inclinen ante ti los hijos de tu madre. Malditos los que te maldijeren, y benditos los que te bendijeren" (Génesis 27:28-29).

La bendición que salió de la boca de Isaac era como si saliera de la boca de Dios.

Isaac declara a Isaac que nunca faltaría lluvia sobre su semilla y nunca experimentaría sequía. En esta generación comenzamos a ver el concepto de la multiplicación. La bendición comienza a crecer en forma acelerada porque el rocío del cielo nunca se detendría. La lluvia produce abundancia de trigo y de vino. Ambas dependen de lo que haga la naturaleza. Esta Palabra le habla a lo natural para que se alinee con la voluntad del Padre. De esta forma, esta generación comienza a ver resultados fenomenales de siembra y cosecha.

La primera generación daba sacrificadamente. A esta generación las cosas le vienen a la mano y no es sacrificial para ellos; es relacional. Muchas veces los que pertenecen a generaciones anteriores ven esta generación incapaz de producir, pero como la bendición está sobre ellos, la grosura de la tierra y la abundancia de trigo y de mosto le pertenecen.

Lo siguiente que Isaac dice es: *"Sírvante pueblos, y naciones se inclinen a ti"*.

La tercera generación comienza a gobernar, a tomar dominio. Si los pueblos te van a servir y las naciones se van a inclinar a ti, esto representa autoridad.

67

Luego continúa diciendo: *"Sé señor de tus hermanos, y se inclinen ante ti los hijos de tu madre".*

Anterior a esta bendición dada por Isaac a Jacob, Dios había hablado Palabra a Rebeca, diciéndole que el mayor serviría al menor. Isaac vuelve a declararlo en esta bendición. En verdad, él no sabía que estaba bendiciendo a Jacob, pero la palabra pronunciada podía distorsionar el propósito de Dios para una generación completa. Dios no iba a permitir que una generación fuera afectada porque Isaac no era capaz de entenderlo.

A ti te digo, Iglesia: No pongas tus ojos en aquellas personas que tú piensas que deben ser los próximos herederos. Busca el Jacob que Dios determinó porque está presente y es parte de la tercera generación.

Sigue diciendo: *"Malditos los que te maldijeren, y benditos los que te bendijeren".*

Rebeca asumió una postura poderosa. Ella sabía que si el padre maldecía al hijo por lo que él hacía, esa maldición vendría sobre ella. Esta mujer estaba dispuesta a ser maldecida el resto de su vida, con tal de ver que la Palabra de Dios se cumpliera. Ella le pide a su hijo que se alinee a la voluntad de Dios. Ella recibiría cualquier consecuencia. Bien sabía que no podía contar con su esposo Isaac para esto. Él estaba ciego física y generacionalmente. Aunque era un hombre de Dios, estaba ciego para el propósito.

Iglesia, puedes haber sido llamada para grandes cosas, y sin embargo, estar ciega. Dios te ama, pero muchas veces no has cooperado con el propósito de Dios. No obstante, debes saber que cuando Isaac está ciego, hay una Rebeca que puede ver. Ve los tiempos. Ve a Dios. Ve promesa. Ve cumplimiento. Ve lo profético.

Por eso es tan importante que los Isaac se casen con una Rebeca. Muchas veces, la postura de la Iglesia es criticar a

Rebeca al decir que esa generación está así por causa de ella. Eso es verdad porque ella fue capaz de creerle a Dios y alinear a su hijo al propósito de Él. Rebeca es la que tiene la capacidad, la visión y la tenacidad de no ser atada a la tradición.

> "Fueron dichas a Rebeca las palabras de Esaú su hijo mayor; y ella envió y llamó a Jacob su hijo menor, y le dijo: He aquí, Esaú tu hermano se consuela acerca de ti con la idea de matarte. Ahora pues, hijo mío, obedece a mi voz; levántate y huye a casa de Labán mi hermano en Harán..." (Génesis 27:42-43)

IGLESIA, PUEDES HABER SIDO
LLAMADA PARA GRANDES COSAS,
Y SIN EMBARGO, ESTAR CIEGA.

Finalmente, Jacob tuvo que huir de su hogar porque Esaú quería matarlo. Los Esaú representan a aquellos que quieren matar todo propósito de Dios en la vida de los Jacob. Al mismo tiempo, los Jacob están dispuestos a moverse de ese lugar, que es común y ordinario, para ir a un lugar de destino. Ellos entienden que es por un tiempo porque su promesa será cumplida.

Muchos de esta tercera generación están huyendo porque no eran los herederos legales o tradicionales. Pero mientras están allá fuera, algo les está ocurriendo espiritualmente, igual que a Jacob.

EL SUEÑO DE JACOB

"Salió, pues, Jacob de Beerseba, y fue a Harán. Y llegó a un cierto lugar, y durmió allí, porque ya el sol se había puesto; y tomó de las piedras de aquel paraje y puso a su cabecera, y se acostó en aquel lugar. Y soñó: y he aquí una escalera que estaba apoyada en tierra, y su extremo tocaba en el cielo; y he aquí ángeles de Dios que subían y descendían por ella. Y he aquí, Jehová estaba en lo alto de ella, el cual dijo: Yo soy Jehová, el Dios de Abraham tu padre, y el Dios de Isaac; la tierra en que estás acostado te la daré a ti y a tu descendencia. Será tu descendencia como el polvo de la tierra, y te extenderás al occidente, al oriente, al norte y al sur; y todas las familias de la tierra serán benditas en ti y en tu simiente. He aquí, yo estoy contigo, y te guardaré por dondequiera que fueres, y volveré a traerte a esta tierra; porque no te dejaré hasta que haya hecho lo que te he dicho. Y despertó Jacob de su sueño, y dijo: Ciertamente Jehová está en este lugar, y yo no lo sabía (Génesis 28:10-16).

MUCHOS DE ESTA TERCERA GENERACIÓN ESTÁN HUYENDO PORQUE NO ERAN LOS HEREDEROS LEGALES O TRADICIONALES.

Luego de salir de la tierra de su padre, Jacob se detuvo, se recostó a dormir y soñó. Su sueño era acerca de su propósito. Dios se le apareció en sueños y le dijo que ese lugar donde estaba le sería dado, y que Él lo iba a bendecir. Y llamó aquel lugar Bet-el y lo ungió.

¿Cómo le explicas a la primera y a la segunda generación que mientras Jacob estaba huyendo, Dios se le aparece y se manifiesta? La única explicación que hay es que Dios no abandona lo que ha separado para Él.

> "Y sucedió que cuando Jacob vio a Raquel, hija de Labán hermano de su madre, y las ovejas de Labán el hermano de su madre, se acercó Jacob y removió la piedra de la boca del pozo, y abrevó el rebaño de Labán hermano de su madre" (Génesis 29:10).

Cuando Jacob estaba huyendo, se encontró con Raquel, que era pastora de ovejas. Aunque éste no era un oficio muy común para una mujer en aquel tiempo, evidentemente Dios tenía preparada a una pastora para él.

Jacob se enamoró de Raquel de tal forma que estaba dispuesto a pagar por ella con siete años de trabajo. Finalizado este tiempo, Jacob reclama a Raquel, pero Labán, su suegro, lo engañó y le dio a Lea, su hija mayor. Labán pensaba en términos naturales, y no podía entregar a Raquel porque Lea todavía no se había casado, y era la mayor.

Pero Jacob no renunció a su amor por Raquel, sino que continuó trabajando otros siete años para que Labán finalmente le entregara a Raquel, la mujer que él amaba.

Esta generación está dispuesta a esperar por Raquel. Jacob esperó catorce años por ella. Esperó por el vientre que cargaba la promesa. Para esta generación, el tiempo no es importante porque ellos rompieron con esa declaración de que: "Cristo viene pronto, no estudies". Ellos dicen: "Cristo viene mañana o cuando Él quiera. Mientras tanto, yo voy a seguir trabajando y prosperando. Seguiré alineándome con el propósito de Dios. Si hay que esperar catorce años por Raquel, esperaré. ¿Qué son catorce años para alcanzar lo que amo y para alinearme con el propósito de Dios?"

Lo llamativo era que Raquel también era estéril. Sin embargo, Lea, que se sentía menospreciada por no haber sido la elegida ni la amada por Jacob, le dio cuatro hijos: Rubén, Simeón, Leví y Judá.

Pero Raquel, como no podía tener hijos, tuvo envidia de su hermana y le dijo a Isaac: "Dame hijos, o si no, me muero". Entonces Isaac respondió: "¿Soy yo acaso Dios, que te impidió el fruto de tu vientre?" Así fue que Raquel le llevó a su sierva Bilha para que concibiera un hijo. "*Y concibió Bilha, y dio a luz un hijo a Jacob. Dijo entonces Raquel: Me juzgó Dios, y también oyó mi voz, y me dio un hijo. Por tanto llamó su nombre Dan*" (Génesis 30:5-6). Un segundo hijo le nació a Bilha y le pusieron por nombre Neftalí.

> "Viendo, pues, Lea, que había dejado de dar a luz,
> tomó a Zilpa su sierva, y la dio a Jacob por mujer.
> Y Zilpa sierva de Lea dio a luz un hijo a Jacob"
> (Génesis 30:9-10).

Los dos hijos de Zilpa, sierva de Lea, se llamaron Gad y Aser. Luego Lea volvió a dar a luz su quinto hijo y lo llamó Isacar y después a Zabulón. También tuvo una hija a quien llamó Dina. Finalmente: "*Se acordó Dios de Raquel, y la oyó Dios, y le concedió hijos*" (Génesis 30:22). Y llamó a ese hijo, José.

LA BENDICIÓN DE JACOB

El tiempo había pasado y Jacob había prosperado familiar y económicamente. Entonces fue ante su suegro Labán y le dijo:

> "...Envíame, e iré a mi lugar, y a mi tierra. Dame mis mujeres y mis hijos, por las cuales he servido contigo, y déjame ir; pues tú sabes los servicios que te he hecho. Y Labán le respondió: Halle yo ahora gracia en tus ojos, y quédate; he experimentado que Jehová me ha bendecido por tu causa" (Génesis 30:25-27).

Labán experimentó bendición por causa de Jacob. El lugar donde estaban no era su casa de herencia, sino lugar de descanso, de provisión. Ahí Dios manifestó su bendición a la vida de Jacob, y Labán fue beneficiado.

Se supone que, según las costumbres, Labán era quien debía bendecir a Jacob porque era mayor que éste, y ya tenía ganado y todo tipo de riquezas. Sin embargo, Labán reconoce haber sido bendecido por causa de Jacob. Este muchacho estaba recién comenzando la vida, iniciaba una familia, pero la bendición de Dios estaba sobre la tercera generación a tal punto que comienza a bendecir a las generaciones anteriores. Esta tercera generación está dispuesta a esperar por el cumplimiento divino de las promesas de Dios, y bendicen a la generación anterior.

Cuando Jacob le pide a Labán irse de esa tierra, hizo un trato. Jacob le dijo:

> "Yo pasaré hoy por todo tu rebaño, poniendo aparte todas las ovejas manchadas y salpicadas de color, y todas las ovejas de color oscuro, y las

manchadas y salpicadas de color entre las cabras; y esto será mi salario" (Génesis 30:32).

Esta generación tiene estrategias para prosperar, pero como no estamos acostumbrados a esas técnicas, cuando los observas, dices que en algo malo tienen que estar involucrados. ¿Por qué la prosperidad tiene que ser mala? ¿Por qué vestir bien y comer bien tiene que ser malo? ¿Por qué tener una buena casa tiene que ser malo? ¿Cuántos bandidos hay viviendo en mansiones, con carros caros y luciendo prendas caras, y no nos atrevemos a decir nada? Sin embargo, vemos prosperar a un hombre de Dios y siempre tenemos que decir que tiene que estar haciendo trampa. Si tú aprendieras de ellos, serías enriquecido en gran manera y tendrías algo para dejarle a la próxima generación. En vez de dejarle deudas, podrías dejarle bendición y prosperidad. Hemos empobrecido a la próxima generación porque no dejamos nada para que ellos tengan una plataforma para echar hacia adelante.

Dios había prosperado a Jacob y Labán lo sabía.

TIEMPO DE LLEGAR A TU DESTINO

"También Jehová dijo a Jacob: Vuélvete a la tierra de tus padres, y a tu parentela, y yo estaré contigo" (Génesis 31:3).

Dios había prosperado a Jacob grandemente, pero el tiempo de irse había llegado. Debía salir de allí para llegar al lugar que le había sido determinado. De esta forma, Jacob comenzó a caminar hacia su destino. Pero… ¿cómo sabes que es el tiempo de Dios para esta decisión?

1. Es tiempo de ir hacia tu destino cuando Dios comienza a incomodar a Labán. *"Miraba también Jacob el semblante de Labán, y veía que no era para con él como había sido antes"* (Génesis 31:2). Poco a poco, Jacob nota que su suegro ya no se comportaba como antes. Labán ya no veía la bendición y la prosperidad como algo sano. Jacob ya no representaba una bendición para Labán. Lo veía como un instrumento que podía utilizar.

2. Hay mucha gente de la primera y segunda generación a quienes les gusta utilizar la prosperidad de Jacob. Si no sabes aprovechar la bendición de buena fe, Jacob se va. Jacob tiene que regresar a su destino. Tú, como Jacob, sabes que el tiempo de regresar a tu destino es cuando incomodas a los "Labán" que tienes cerca.

3. También debes saber que el tiempo de regresar es cuando Lea y Raquel están dispuestas a irse contigo. Jacob habló con ellas *"y les dijo: Veo que el semblante de vuestro padre no es para conmigo como era antes; mas el Dios de mi padre ha estado conmigo. Vosotras sabéis que con todas mis fuerzas he servido a vuestro padre; y vuestro padre me ha engañado, y me ha cambiado el salario diez veces; pero Dios no le ha permitido que me hiciese mal"* (Génesis 31:5-6).

4. Ellas podían haberse resistido y decir: "Esta es la tierra de nuestro padre, no queremos irnos". Pero observaron cómo era su padre y dijeron: «*¿Tenemos acaso parte o heredad en la casa de nuestro padre? ¿No nos tiene ya como por extrañas, pues que nos vendió, y aun se ha comido del todo nuestro precio?*

Porque toda la riqueza que Dios ha quitado a nuestro
padre, nuestra es y de nuestros hijos; ahora, pues, haz
todo lo que Dios te ha dicho» (Génesis 31:14-16).

5. El espíritu de Labán será revelado en esta generación y llevado al conocimiento, a la luz, por lo tanto,
   queda claro cuál es el propósito de Dios y cuál es el
   espíritu de Labán.

6. Finalmente, tú sabes que es tiempo de regresar
   cuando Dios te lo pide, aunque temas a Esaú. Estás
   dispuesto a ir.

7. *"Y me dijo el ángel de Dios en sueños: Jacob. Y yo*
   dije: Heme aquí. Y él dijo: Alza ahora tus ojos, y verás
   que todos los machos que cubren a las hembras son
   listados, pintados y abigarrados; porque yo he visto
   todo lo que Labán te ha hecho. Yo soy el Dios de Bet-
   el, donde tú ungiste la piedra, y donde me hiciste un
   voto. Levántate ahora y sal de esta tierra, y vuélvete a
   la tierra de tu nacimiento" (Génesis 31:11-13).

8. Años antes, Jacob tuvo que salir corriendo de su
   tierra por Esaú. Sabe que va a volver a encontrarse
   con él en el camino, pero está dispuesto a caminar
   hacia allá porque Dios le ha dicho que es hora de
   regresar. Se va a encontrar con Esaú. Ya Dios había
   estado trabajando con Esaú para cambiar su corazón
   hacia Jacob. Dios no tiene interés en destruir a Esaú.
   Por lo tanto, Esaú viene de camino, y Jacob comienza
   a alinear su vida conforme a la prioridad.

HAY MUCHA GENTE DE LA
PRIMERA Y SEGUNDA GENERACIÓN
A QUIENES LES GUSTA UTILIZAR
LA PROSPERIDAD DE JACOB.

JACOB LUCHA CON EL ÁNGEL

"Así se quedó Jacob solo; y luchó con él un varón hasta que rayaba el alba. Y cuando el varón vio que no podía con él, tocó en el sitio del encaje de su muslo, y se descoyuntó el muslo de Jacob mientras con él luchaba. Y dijo: Déjame, porque raya el alba. Y Jacob le respondió: No te dejaré, si no me bendices. Y el varón le dijo: ¿Cuál es tu nombre? Y él respondió: Jacob. Y el varón le dijo: No se dirá más tu nombre Jacob, sino Israel; porque has luchado con Dios y con los hombres, y has vencido. Entonces Jacob le preguntó, y dijo: Declárame ahora tu nombre. Y el varón respondió: ¿Por qué me preguntas por mi nombre? Y lo bendijo allí" (Génesis 32:24-29).

En el camino a su destino, Jacob tiene una gran lucha con el ángel que reafirma el compromiso. En su regreso, necesita un encuentro con el Dios de los cielos. Éste era necesario para Jacob, ya que en esta lucha está en juego la próxima generación que él viene protegiendo.

Pero algo espectacular sucede. Jehová le cambió el nombre. Y como dije anteriormente, el cambio de nombre es cambio de propósito. Esta generación ha tenido que luchar con Dios y con los hombres. La lucha con los hombres es en ocasiones más fuerte que la lucha con Dios.

A Jacob le espera por delante un tiempo demasiado agotador emocionalmente. No es fácil confrontar al hermano que lo quiere matar. Entonces, Dios se le aparece por medio de un ángel. Volver atrás no es opción, pero ir hacia adelante representa la muerte.

> EL CAMBIO DE NOMBRE ES
> CAMBIO DE PROPÓSITO.

Esta generación decide luchar por su bendición. Aunque queda con marcas por su lucha, eso es mejor que una derrota. Esta lucha produce a Israel, que será el nombre del pueblo de Dios. Es significativo que para manifestar la promesa de tu generación tienes que luchar con quien te hizo la promesa. El mero hecho de querer luchar hace que la promesa se cumpla. Después de esta lucha, puedes enfrentarte a Esaú, porque tu lucha ha conquistado tu mayor temor: la muerte.

PRIORIDADES DE JACOB

"Alzando Jacob sus ojos, miró, y he aquí venía Esaú, y los cuatrocientos hombres con él; entonces repartió él los niños entre Lea y Raquel y las dos siervas. Y puso las siervas y sus niños delante, luego a Lea y sus niños, y a Raquel y a José los últimos" (Génesis 33:1-2).

Cuando Jacob tuvo que enfrentar a Esaú, tomó la decisión de repartir y ordenar a su familia. En primer lugar puso a las siervas madres de sus hijos. Luego, puso a Lea y a sus hijos. Finalmente ubicó a Raquel y a José.

Esa generación sabe proteger el tesoro de Dios. Jacob pensó que si todavía Esaú estaba enojado y quería destruirlos, él debía proteger a aquel que sabía que llevaba promesa.

> "Pero Esaú corrió a su encuentro y le abrazó, y se echó sobre su cuello, y le besó; y lloraron. Y alzó sus ojos y vio a las mujeres y los niños, y dijo: ¿Quiénes son éstos? Y él respondió: Son los niños que Dios ha dado a tu siervo. Luego vinieron las siervas, ellas y sus niños, y se inclinaron. Y vino Lea con sus niños, y se inclinaron; y después llegó José y Raquel, y también se inclinaron" (Génesis 33:4-7).

ESA GENERACIÓN SABE PROTEGER EL TESORO DE DIOS.

Éste fue un buen encuentro. En lo natural podría haber sido un desastre, pero en el tiempo de Dios, las cosas se alinean.

> "Y exhaló Isaac el espíritu, y murió, y fue recogido a su pueblo, viejo y lleno de días; y lo sepultaron Esaú y Jacob sus hijos" (Génesis 35:29).

Isaac no murió hasta ver reconciliados a sus hijos, Esaú y Jacob, porque ellos representaban a dos grandes naciones, aunque una fuera menos fuerte que la otra.

Los padres que son de la segunda generación no morirán sin ver reconciliadas las dos naciones. Éste es un tiempo de restauración, sanidad y perdón. La Iglesia necesita esta etapa para disfrutar de la próxima.

CONCLUSIÓN

"Y le respondió Jehová: Dos naciones hay en tu seno, Y dos pueblos serán divididos desde tus entrañas; un pueblo será mas fuerte que el otro pueblo, Y el mayor servirá al menor" (Génesis 25:23).

1. La primera observación que hago sobre esta generación es que, en cierta forma, Dios redime a la mujer que había sido entregada en dos generaciones, y le revela lo que va a hacer en esta generación. Si Dios le habla a Isaac sobre el cambio del orden, Isaac entraba en conflicto porque es muy tradicional. Se lo tiene que revelar a la mujer. Notemos que cuando Rebeca entra en conflicto interno, no va al marido, pues entiende que él no tiene la respuesta. Consultó a Jehová. Muchos han marginado a esta mujer, sin embargo, hago la siguiente observación. Esta mujer recibió Palabra de Dios y decide cooperar con esa Palabra y ayudar en el cumplimiento. ¿No es esto lo que debemos hacer? Ciertamente las generaciones anteriores lo ven como fuera de orden. Lo ven como que se está cambiando la tradición.

Esta tercera generación entra en conflicto con lo

que enseñaron la primera y la segunda generación, especialmente si la revelación del propósito y el cambio viene de la mujer.

ÉSTE ES UN TIEMPO DE RESTAURACIÓN, SANIDAD Y PERDÓN. LA IGLESIA NECESITA ESTA ETAPA PARA DISFRUTAR DE LA PRÓXIMA.

---

2. Bendecir e imponer las manos sobre la próxima generación es importante. Pero el Isaac de todos los tiempos nunca lo haría si Jacob no usa el uniforme apropiado, o se comporta como él espera, para poder recibir la bendición. La segunda generación necesita salir de la mentalidad de tradición y atender lo que tiene en común con la próxima generación: la fe y la Palabra de Dios. Para conseguir la bendición de esta segunda generación, la tercera generación podría actuar como pretenden de ella, pero en su interior seguirá operando en la dimensión que Dios le asignó para su tiempo. Si tengo que ponerme vello en mis brazos para que me bendigas y transmitas la promesa, lo hago, pero sólo estoy vestido por fuera. La transición en esta generación es fuerte porque desafía el orden natural de las cosas, que todavía impera en los pensamientos de las dos generaciones anteriores. Ya la tercera generación está más inclinada hacia lo sobrenatural.

3. Esta generación tiene que lidiar con el desprecio y el odio de sus hermanos. El querer poseer lo de Dios,

pero venderlo por comida, es la característica de los hermanos que creen que son dueños de la visión por derecho de herencia. Están tan desconectados de la realidad espiritual que no se dan cuenta de que es Dios mismo, quien tomó la decisión de transferir la herencia espiritual hacia quien la anhela para relacionarse con Dios.

4. Jacob tiene que irse de la casa como muchos de esta generación. Pero sin temor, Dios se le aparece en el camino (Génesis 28:10-15). Dios comienza a revelarse a esta generación por sueños, y lo hace partícipe de la promesa: *"Yo soy Jehová, el Dios de Abraham tu padre, y el Dios de Isaac".* Este lugar se hace importante para Jacob porque lo unge, como hace con el lugar a donde él regresaría. El acto profético de ungir el lugar es separarlo para cuando regrese. Es una generación que sabe que regresa a cumplir su destino divino, pero en la travesía tiene encuentros que sólo pueden venir de Dios.

5. Esta generación comienza a experimentar progreso y prosperidad. Las cosas comienzan a multiplicarse. La tendencia es mirar a Jacob como tramposo, pero miremos la promesa y el legado que llevaba. Cuando llegas a la manifestación de esta etapa, todo comienza a alinearse a tu favor. Recuerda que la bendición profética no ocurre por sucesión, sino por asignación divina. Dios siempre respalda su palabra. Labán es la excusa de Dios para despertar el apetito de prosperidad económica en Jacob. En otras generaciones, la visión de expandirse aún en lo económico, en ocasiones es un concepto foráneo.

6. Esta generación tiene que luchar por Raquel. Muchos quieren imponerte la mujer de tu destino, pero Jacob tiene claridad de lo que busca para producir la próxima generación. Ha sido liberado de la tradición y ha entendido que Dios tiene el poder de cambiar el orden. Jacob trabajó catorce años para poder recibir a Raquel como esposa.

7. Esta generación siente el impulso de Dios para regresar a sus hermanos, no sin pasar dificultades. Primero, Labán se quiere adueñar de lo que no le pertenece. Segundo, Jacob tiene todavía la amenaza de su hermano. Tercero, pone en orden de prioridad la caravana de regreso, dejando a Raquel y a José atrás, en el lugar de menor riesgo.

8. En su regreso, necesita un encuentro con el Dios de los cielos. La famosa lucha de Jacob con el ángel no es otra cosa que reafirmar el compromiso y afinar el vaso. El encuentro como tal era necesario para Jacob. La lucha por una seguridad pone en juego la próxima generación que él viene protegiendo al llevarlos atrás. En este encuentro, acontece algo espectacular: Jacob cambió de nombre para cambiar de propósito. El varón le dijo: *"No se dirá más tu nombre Jacob sino Israel; porque has luchado con Dios y con los hombres y has vencido"* (Génesis 32:28). Esta generación ha tenido que luchar con Dios y los hombres. La lucha con los hombres es en ocasiones más fuerte que la lucha con Dios. El problema mayor de esta generación es que le cambian el nombre, pero se quedan con lo que significaba Jacob. Es la próxima generación la que despierta en ellos lo profético.

Capítulo cuatro

LA BENDICIÓN DE LA CUARTA GENERACIÓN:

LA GENERACIÓN DE JOSÉ

*V*AMOS A BENDECIR a una nación completa y a despertar a una cuarta generación a la que nadie le podrá hacer frente. Las generaciones no son un asunto de edad, sino de mentalidad y revelación. Recuerda una vez más que lo que pasa en tu vida no va a afectar solamente tu vida, sino la vida de una generación completa y de muchas generaciones futuras.

El conocimiento debe provocar cambios. Hasta aquí si tus ojos han sido abiertos a alguna verdad que estaba escondida, debes caminar con esa verdad que te ha sido revelada. Dios te ha puesto en la posición de liberar la próxima generación o seguirla esclavizando. La sabiduría liberta y la tercera generación comenzó a romper la tradición.

José, hijo de Raquel, es quien encabeza esta descendencia de la cuarta generación. Ésta es una generación clave en el propósito de Dios.

Lea fue la primera de las esposas de Jacob, y se supone que en el orden tradicional, el primer hijo de ella debía ser el heredero de toda bendición. Pero la tercera generación comenzó a romper con la tradición, y Dios empezó a cambiar el orden natural. Es por eso que considero que ésta es una generación clave porque tiene las fuerzas y las agallas para romper con las tradiciones y creerle a Dios. La tercera generación es capaz de ver más allá de sus ojos naturales.

Lea representa la tradición; Raquel, el propósito de Dios. José, hijo de Raquel, no nació bajo la tradición, sino bajo la gracia y el cuidado de Dios, bajo una intervención divina, un tiempo de espera. Dios no quería que la cuarta generación estuviera ligada a la tradición. Si la tercera había roto con los patrones tradicionales, la cuarta tenía que vivir la liberación de esa rotura.

Una de las traducciones del nombre José es "Josef" que significa "él añade", pero también representa el número "siete", que representa la plenitud. Ésta es la generación que completa. También hay otra palabra que es "Jesosef" en la forma más completa. "Jasaf", que es otra palabra del mismo nombre, significa "añadir, aumentar, alzar, añadir, aprovechar, aumentar, bendición, concebir, crecer, mayor, multiplicar, superar".

DIOS NO QUERÍA QUE LA
CUARTA GENERACIÓN ESTUVIERA
LIGADA A LA TRADICIÓN.

Yo quiero ser parte de esa generación. Una generación que añade, que completa. Jacob tuvo que trabajar catorce años por su esposa: siete por la primera y siete por la segunda. La segunda generación es producto de un doble siete. Está completo. Es una generación que viene marcada como totalmente completa, para añadir, aumentar, aprovechar, concebir, crecer, multiplicar, superar y para bendición. Ésa es la naturaleza o el ADN de esta generación. Tienen un sentido de superación que es muy mal interpretado por la primera, por la segunda y a veces por la tercera generación. Ellos lo ven como arrogancia, pero no lo es. Es consecuencia de estar doblemente completo, en la total plenitud de la revelación de Dios.

UN JOVEN EN INTEGRIDAD

Cuando estás seguro de ti, no le bajas la cabeza a nadie. Sabes quién eres y cómo caminar en esa bendición que te ha sido otorgada. Si eres parte de la cuarta generación, no naciste para recibir; tú ya viniste resuelto. Tienes un alto sentido de la responsabilidad y de la integridad.

> "Esta es la historia de la familia de Jacob: José, siendo de edad de diecisiete años, apacentaba las ovejas con sus hermanos; y el joven estaba con los hijos de Bilha y con los hijos de Zilpa, mujeres de su padre; e informaba José a su padre la mala fama de ellos" (Génesis 37:2).

En esta generación, se desata un poder en gente joven. Ellos estarán alineados con el propósito de Dios. A la edad de diecisiete años, José apacentaba las ovejas con sus hermanos, los hijos del Bilha y los hijos de Zilpa, y José iba a donde su padre y le contaba la mala fama que ellos tenían.

José era un hombre de integridad y de compromiso. No se vendía por nadie. Cuando le daban una tarea, era responsable en hacerla. A la generación basada en Esaú, no le importaba la bendición de Dios y fácilmente la vendía, pero esta generación, cuando ve que la herencia está comprometida, se mantiene en integridad. No le importa el precio que tiene que pagar, no le importa la crítica que venga sobre ellos, no le importa que sus hermanos se enojen. Son gente de integridad porque están completos.

Esta generación sabe que lo que le fue otorgado tiene gran valor, y lo cuidan. Le darán a Jacob la información de aquella gente que muchas veces menosprecia y usa mal la herencia. En el sentido natural, parece chismosa. Pero ellos no tienen problema en declarar las cosas como son. No lo hacen por ofender ni para quitarte algo de lo que tú crees que eres dueño. Es que ellos han visto la herencia que cuesta y que viene trasmitida por tres generaciones. Ellos ven la responsabilidad de cuidar el tesoro, de cuidar la herencia.

> "Y amaba Israel a José más que a todos sus hijos, porque lo había tenido en su vejez; y le hizo una túnica de diversos colores" (Génesis 37:3).

Israel (Jacob) amaba a José más que a todos sus hijos porque lo había tenido en su vejez, y como muestra de su amor, le entregó una túnica de muchos colores.

La primera, segunda y tercera generación tiene problemas con las vestimentas de la cuarta generación porque no se parece a las de ellos. No obstante, es necesario entender el significado del peso de esa túnica. Hay varias interpretaciones acerca de ello.

La primera interpretación es que la túnica de diversos colores representa la nobleza. La tradición decía que la túnica debía ser de un solo color, pero la de José estaba decorada. La pieza original que recibió José representaba nobleza. Esta generación camina como la nobleza. Le fueron cambiadas las vestimentas comunes y tradicionales por ropajes reales.

La segunda interpretación, de acuerdo a un comentarista del Antiguo Testamento, explica que la túnica era de manga larga y que era larga hasta los tobillos. Esto representaba el derecho de ser primogénito, y manifestaba la preferencia de Jacob hacia José. Los demás hijos tenían sus túnicas de manga corta que les facilitaba trabajar. Esta preferencia de Israel hacia José lo ponía en un nivel superior, donde él no tenía que trabajar igual que sus hermanos. Al mismo tiempo, su padre estaba haciendo un acto profético sobre su vida. José fue investido proféticamente y eso fue lo que ocurrió después. Años más tarde, José tuvo sueños proféticos.

La primera generación no tenía un punto de referencia. La segunda generación tenía un punto de referencia distorsionado. La tercera comienza a tener un trato con Dios. Pero la cuarta generación vive en la presencia de Dios. Vive en una experiencia poderosa con Dios. Vive constantemente creyéndole a Dios, y Dios no le tiene que decir todos los días: "Así dice Jehová". Esta generación lo creyó desde el vientre de su madre y camina en eso todos los días. La cuarta generación camina continuamente conociendo la voluntad de Dios para su vida, y lo único que sabe hacer es soñar y soñar. Su vida de oración es diferente a la de las generaciones anteriores, porque andan en relación con Dios y en la continua presencia de Dios, y no solamente en relación a Dios.

José creyó su destino desde el vientre de su madre. Caminó todos los días de su vida en el "Así ha dicho Jehová", sin que Dios mismo fuera a decírselo. Constantemente transitó su vida conociendo la voluntad de Dios, y lo único que sabía hacer era soñar, soñar y soñar.

LA PRIMERA GENERACIÓN NO
TENÍA UN PUNTO DE REFERENCIA.
LA SEGUNDA GENERACIÓN TENÍA
UN PUNTO DE REFERENCIA
DISTORSIONADO. LA TERCERA
COMIENZA A TENER UN TRATO CON
DIOS. PERO LA CUARTA GENERACIÓN
VIVE EN LA PRESENCIA DE DIOS.

LOS SUEÑOS DE JOSÉ

"Y soñó José un sueño, y lo contó a sus hermanos;
y ellos llegaron a aborrecerle más todavía. Y él les
dijo: Oíd ahora este sueño que he soñado: He aquí
que atábamos manojos en medio del campo, y he
aquí que mi manojo se levantaba y estaba derecho,
y que vuestros manojos estaban alrededor y se
inclinaban al mío" (Génesis 37:5-7).

Algunas interpretaciones dicen que cuando José comentó a
sus hermanos el sueño que había tenido, con esto demostraba
que había orgullo en su vida, y había creado una circunstancia
de hostilidad en su familia a causa de esto. No comparto esa
interpretación. Personalmente pienso que esta generación de
verdad cree lo que Dios le revela. No tienen que hacer fila en los
auditorios para conferencias de profetas. Ése no es el método de
Dios para esta generación. Dios te va a hablar a ti. Dios te va a
dar sueños a ti y cuando te los da, tú los crees. Van a ser sueños

controversiales porque tu generación es retada desde adentro hacia afuera.

Su vida de oración es diferente a la de las generaciones anteriores, porque andan en relación con Dios y en la continua presencia de Dios, y no solamente en relación a Dios.

Yo invito a esta generación a que sueñe y declare. Yo creo que la veracidad de lo profético se confirma por aquellas cosas que se dijeron antes de que sucedieran. Ésta es una generación que camina en sueños profundos que, cuando los manifiestan, parece arrogancia, pero es Dios definiendo su destino.

Tiempo después, José tuvo otro sueño:

> "Soñó aun otro sueño, y lo contó a sus hermanos, diciendo: He aquí que he soñado otro sueño, y he aquí que el sol y la luna y once estrellas se inclinaban a mí "(Génesis 37:9).

> José volvió a contarle este sueño a su padre y a sus hermanos, y su padre le reprendió: *"¿Qué sueño es este que soñaste? ¿Acaso vendremos yo y tu madre y tus hermanos a postrarnos en tierra ante ti?"* (Génesis 37:10).

Dice la Palabra que los hermanos de José le tenían envidia, mas su padre meditaba en esto. Jacob no pudo discernir el tiempo de su hijo, pero no permitió que la envidia llegara a su corazón, sino que meditaba en eso.

La tercera generación nos hace meditar. Cuando comienzas a romper la tradición, tu paradigma cambia. Por lo tanto, piensas que hay posibilidades para que Dios haga lo que parece imposible. Comienzas a ver que Dios puede cambiar el orden natural por el sobrenatural. Entonces no te atreves a decir una cosa ni la otra, pero meditas en eso.

Ésta es una generación que no es comprendida por sus hermanos ni por sus padres. Esta generación soñó y creyó el sueño. Esto habla de una relación diferente. No necesitan humo, voces ni becerros en el altar. No necesitan experiencias dramáticas ni encuentros con ángeles. Ellos caminan en una relación. Si estabas experimentando esto y no podías definirlo, es que ya hiciste la transición a la cuarta generación.

No estoy hablando en contra de los devocionales ni de una vida personal disciplinada en la presencia de Dios. Tampoco estoy en contra del ayuno y la oración. Pero cuando estás conectado las veinticuatro horas, los siete días de la semana, sabes de lo que estoy hablando. En otras palabras, tú no necesitas estar de rodillas para sentir a Dios.

LA TERCERA GENERACIÓN NOS HACE MEDITAR.

La tradición te enseñó que la única forma de poder sentir a Dios era si estabas en una posición exacta. Pero ésta es una generación que fluye en los ríos de agua viva. A través de su vida, fluyen la gloria, el poder, la autoridad, el cántico profético, la unción. La presencia de Dios no está tan lejos que tengas que ayunar cinco días para que fluya. Debemos romper el paradigma de creer que la unción depende del sacrificio físico que podamos hacer.

TÚ NO NECESITAS ESTAR DE
RODILLAS PARA SENTIR A DIOS.

El sueño de José no tiene cumplimiento inmediato, pero esta generación sabe esperar en la promesa. Las otras generaciones se desesperan, oyen palabras proféticas y se unen a la sierva de Sara. Pero esta generación escuchó la Palabra profética y supo esperar. Habla a voz en cuello lo que Jehová le ha dicho. Si no le gustó al que escuchó, esta generación no tendrá un caos emocional, ni se esconderá en la cueva por las amenazas de nadie. Está tan seguro de lo que Dios ha dicho que lo declara. Sabe esperar.

NADIE PUEDE MATAR TU SUEÑO

"Cuando ellos lo vieron de lejos, antes que llegara cerca de ellos, conspiraron contra él para matarle…Cuando Rubén oyó esto, lo libró de sus manos, y dijo: No lo matemos…y le tomaron y le echaron en la cisterna; pero la cisterna estaba vacía, no había en ella agua…Y cuando pasaban los madianitas mercaderes, sacaron ellos a José de la cisterna, y le trajeron arriba, y le vendieron a los ismaelitas por veinte piezas de plata. Y llevaron a José a Egipto" (Génesis 37:18, 21, 24, 28).

La cuarta generación es una generación vendida por sus hermanos. Algunos de los hermanos de José querían matarlo. Pero permíteme hablarle a tu espíritu y decirte que nadie podrá matar el sueño de Dios para tu vida. No era el sueño de José; era el sueño de Dios. Era la posición profética y de destino que Dios tenía para él. Nadie, ni demonio, esposo, esposa, hijo, circunstancias, iglesia, ministro, teología ni legalismo podrá detener la palabra profética que fue declarada sobre tu vida.

NADIE PODRÁ MATAR EL SUEÑO
DE DIOS PARA TU VIDA.

Tus hermanos se levantarán contra ti, querrán matarte, pero Dios tendrá un plan para preservar tu vida. A causa de que muchos no entienden el sueño, algunos Josés han tenido que irse de la casa que aman, que los vio nacer y formarse. Es que Dios los estaba alineando para poder perseverar el sueño porque, en medio del manojo, no iban a poder crecer a la altura que Dios quería.

Tal vez has tenido que tomar la decisión de irte del lugar donde estabas, pero debes saber que no tomaste solo esa decisión, sino que fue dirigida por el Espíritu Santo. Saliste de ese lugar bajo la presión de ser vendido por tus hermanos. Y seguramente te dolió, porque duele, pero Dios está moviéndote, posicionándote porque tenías una palabra profética y por tu cuenta no ibas a moverte. Estabas demasiado comprometido con tu padre Jacob, con tu herencia, pero el Señor te dice: "No te preocupes, yo voy a velar por tu herencia".

La cuarta generación es parte de la Iglesia de hoy. Está entre nosotros. El problema es que la misma Iglesia la vendió. En vez de creer en ellos, los echaron fuera de los concilios, de las iglesias, de las organizaciones. Los ven prosperar y les molesta, pero nadie podrá detener el sueño de Dios. Debes ser sanado de ese dolor al entender que nadie te echó. Dios te movió. Él te promovió a esclavo. Recuerda que la esclavitud fue parte del proceso que debió transitar José. Esto era parte del propósito porque la cuarta generación debe aprender una lección: cómo ser siervo.

DIOS TE PROMOVIÓ A ESCLAVO

"Entonces Jacob rasgó sus vestidos, y puso cilicio sobre sus lomos, y guardó luto por su hijo muchos días" (Génesis 37:34).

Cuando los hermanos de José llegaron a su padre con la noticia de su muerte y con la túnica de colores que habían encontrado, Jacob, que debía haber tenido discernimiento, creyó la mentira de sus hijos y entró en una temporada de luto. La tercera generación ve ante sus ojos que la cuarta generación murió.

"Mas Jehová estaba con José, y fue varón próspero; y estaba en la casa de su amo el egipcio" (Génesis 39:2).

En el momento que su padre identificó las vestimentas ensangrentadas, entró en luto. Mientras tanto, José estaba siendo formado. Aunque esta generación haya sido vendida como esclava, piensa como realeza, ya que está doblemente completa.

La actitud de José era pensar que si lo habían puesto como

esclavo, sería el mejor de todos. Su pensamiento sería: "La casa de mi amo prosperará por causa de mí porque donde quiera que yo vaya, cargo la bendición de mi generación sobre mi vida".

Si eres parte de esta cuarta generación a la que no pueden imponerle tradición, costumbres y uso, aunque te digan que pareces esclavo, por dentro sabes que estás vestido de realeza y que todo lo que haces, prosperará.

LAS CONVICCIONES DE JOSÉ

"Y ella lo asió por su ropa, diciendo: Duerme conmigo. Entonces él dejó su ropa en las manos de ella, y huyó y salió" (Génesis 39:12).

Conocemos la historia de la mujer de Potifar que quiso acercarse a José. A esta mujer le llamó la atención José. Seguramente, él tenía un atractivo especial, una actitud diferente y ella quiso acercarse sexualmente a él. Pero José, al comprobar esta atracción, huyó.

Esta generación le pone un "pare" a los desórdenes morales porque su futuro, su destino, su sueño, son más importantes. La generación pasada no supo controlar sus deseos sexuales y carnales. Tiene que haber una generación que se levante a la altura de la moralidad que Dios exige, y que no esté orando para que su mujer se muera para volver a casarse. Ni que la esposa esté orando para que Dios enferme a su marido. Es necesaria una generación que responda a la seriedad y al compromiso del matrimonio. Tiene que haber una pareja donde el hombre mire a su mujer a los ojos y le diga: "Podrá haber muchas mujeres, pero como tú, ninguna".

Esta cuarta generación se ha comprometido porque sabe que hay una herencia y no va a transmitir a sus hijos los pecados de sus padres. Iglesia, levántate en el poder de esta generación. ¡Que se acaben los desórdenes sexuales y morales! Esta generación, la cuarta, sabe huir. Algunos dirán que esa reacción de José está relacionada con algunos trastornos emocionales, pero eso no es así, todo lo contrario. José estaba seguro de sí mismo y sabía que cargaba una semilla de herencia que debía proteger. Él no se uniría a cualquier mujer para contaminar la herencia que había sido preservada por tres generaciones. Y aunque la generación anterior no supo cuidarla bien, él sí lo haría. Para este momento, José era muy joven, y sin embargo, muy firme en sus convicciones. La edad no tiene que ver con la reacción correcta. Cambia tu paradigma.

> "Y tomó su amo a José, y lo puso en la cárcel, donde estaban los presos del rey, y estuvo allí en la cárcel" (Génesis 39:20).

Cuando la mujer de Potifar vio que José huyó, lo acusó falsamente y José terminó en la cárcel. La cárcel es un lugar donde Dios te pone en soledad. Te preserva. José fue a la cárcel sin resentimiento. Y aún allí fue el mejor de todos los presos. Por fuera estaba vestido de preso, pero por dentro estaba vestido de realeza. Tal era la actitud de José, que inclusive en la cárcel le dan una posición de autoridad. Porque ésta es una generación que aunque es joven, es responsable de la sabia administración.

En la cárcel comparte tiempo con otros soñadores. Dios inicia la vida de José con un sueño y termina su trayectoria de la misma forma. Llegar a la cárcel le recordaba a José que aunque el proceso había sido duro, Dios lo había llevado al lado de gente que también soñaba, para que viera que los sueños pueden hacer la diferencia.

Dios nunca se olvida de ti, aunque a veces lo parezca. Dios

no quería que José estuviera en la cárcel. Dios te quiere donde ha destinado que estés: en la realeza. Algo aconteció para que José saliera de la cárcel.

CAMINO A SU DESTINO

"...tuvo Faraón un sueño...del río subían siete vacas, hermosas a la vista, y muy gordas, y pacían en el prado...tras ellas subían del río otras siete vacas de feo aspecto y enjutas de carne,...las vacas de feo aspecto y enjutas de carne devoraban a las siete vacas hermosas y muy gordas. Y despertó Faraón. Se durmió de nuevo, y soñó...Que siete espigas llenas y hermosas crecían de una sola caña...después de ellas salían otras siete espigas menudas y abatidas del viento solano; y las siete espigas menudas devoraban a las siete espigas gruesas y llenas...mas no había quien los pudiese interpretar a Faraón...Entonces Faraón envió y llamó a José. Y lo sacaron apresuradamente de la cárcel, y se afeitó, y mudó sus vestidos, y vino a Faraón" (Génesis 41:1-14).

Cierto día, Faraón tuvo un sueño que nadie podía interpretar; ni los magos ni los sabios de Egipto. Entonces, el jefe de los coperos recordó que cuando estaba en la cárcel había conocido a un joven llamado José que había interpretado sus sueños y los del panadero que estaba allí, y había acertado.

Dios nunca se olvida de ti, aunque a veces lo parezca.

Ese día, José pasó de la cárcel a un lugar de prestigio, de autoridad. Cuando Faraón mandó llamar a José, éste toma tiempo para bañarse y cambiarse de ropa antes de presentarse ante la autoridad. Las generaciones anteriores tan pronto les decían que le abrían la cárcel, salían rapidísimo. Éste es el desequilibrio profético del tiempo pasado. Las generaciones han recibido Palabra, pero no han sabido esperar en el tiempo. José sabía que había llegado el momento de caminar en la promesa y lo creía. José oyó la Palabra que lo iba a liberar, pero entendió que no era el tiempo; que tenía que prepararse antes de ir.

Si has tenido que esperar tanto y nadie te creyó cuando soñaste... Si te vendieron, te dieron por muerto, fuiste falsamente acusado y has estado en la cárcel, en la soledad, en el aislamiento donde sólo Dios ha estado contigo, ¿por qué apresurarte ahora? Debes tomar el tiempo que necesitas para salir con la frente en alto, y luciendo tu linaje de realeza, de hijo de Dios.

> "Y dijo Faraón a José: Yo he tenido un sueño, y no hay quien lo interprete; mas he oído decir de ti, que oyes sueños para interpretarlos. Respondió José a Faraón, diciendo: No está en mí; Dios será el que dé respuesta propicia a Faraón" (Génesis 41:15-16).

José le dijo a Faraón antes de interpretar su sueño que Dios sería quien le daría la respuesta propicia para Faraón. El sueño de Faraón liberta a José.

"Dijo además Faraón a José: He aquí yo te he puesto sobre toda la tierra de Egipto" (Génesis 41:41).

Si te acercas a líderes políticos, cuando ellos necesiten la sabiduría de Dios en medio de sus gabinetes, te llamarán a ti. Buscarán a esa cuarta generación que tiene ciencia, dones, capacidad administrativa y que son excelentes, tanto como esclavos, como presos y como realeza. Salen de la cárcel o de su soledad, a gobernar, a dirigir, a manejar riquezas y recursos.

La cuarta generación desarrollará planes económicos que salvarán países. Necesitamos despertar esa generación para que ya no sea en Wall Street donde determinen lo que va pasar en un país. Es la generación de José la que tiene un plan económico para salvar una nación completa y para que otras naciones se beneficien del liderazgo de este espíritu de José.

Entonces, cuando vayas camino a tu trabajo, tienes que verte como la persona clave de esa corporación. El Señor romperá la mentalidad de otras generaciones que todavía rige en tu vida. No te conformes con lo poco. Cuando abran oportunidades para promoverte, no te sientas incapaz de hacerlo. Es la gracia, la autoridad, el espíritu de gobierno que hay en ti, lo que Dios ha estado desarrollando desde el primer día que te dio aquel sueño que tú no entendías.

LOS SUEÑOS DE JOSÉ SE CUMPLEN

"Y el hambre estaba por toda la extensión del país. Entonces abrió José todo granero donde había, y vendía a los egipcios; porque había crecido el hambre en la tierra de Egipto. Y de toda la tierra venían a Egipto para comprar de José, porque por

toda la tierra había crecido el hambre" (Génesis
41:56-57).

La interpretación del sueño de Faraón se hizo realidad. El
hambre llegó, pero el pueblo de Egipto tenía suficientes provi-
siones en reserva. Eso llevó a que los hermanos de José fueran
ante él para pedirle ayuda, pero una vez que estuvieron frente a
él, no lo reconocieron.

> "Y José, cuando vio a sus hermanos, los conoció;
> mas hizo como que no los conocía, y les habló
> ásperamente, y les dijo: ¿De dónde habéis venido?
> Ellos respondieron: De la tierra de Canaán, para
> comprar alimentos. José, pues, conoció a sus her-
> manos; pero ellos no le conocieron. Entonces se
> acordó José de los sueños que había tenido acerca
> de ellos, y les dijo: Espías sois; por ver lo descu-
> bierto del país habéis venido" (Génesis 42:6-9).

Finalmente, los hermanos de José terminaron inclinándose
ante él para pedirle su ayuda. El sueño de José estaba cumplido.
Pero son ellos mismos los que tiempo después debieron ir ante
su padre, Jacob, y decirle que José estaba vivo. No te desesperes.
Los mismos que te vendieron tendrán que ir ante Jacob y decir:
"José está vivo".

> "Les dio José carros conforme a la orden de
> Faraón, y les suministró víveres para el camino. A
> cada uno de todos ellos dio mudas de vestidos, y
> a Benjamín dio trescientas piezas de plata, y cinco
> mudas de vestidos. Y a su padre envió esto: diez
> asnos cargados de lo mejor de Egipto, y diez asnas
> cargadas de trigo, y pan y comida, para su padre

en el camino. Y despidió a sus hermanos, y ellos se fueron. Y él les dijo: No riñáis por el camino. Y subieron de Egipto, y llegaron a la tierra de Canaán a Jacob su padre. Y le dieron las nuevas, diciendo: José vive aún; y él es señor en toda la tierra de Egipto. Y el corazón de Jacob se afligió, porque no los creía. Y ellos le contaron todas las palabras de José, que él les había hablado; y viendo Jacob los carros que José enviaba para llevarlo, su espíritu revivió. Entonces dijo Israel: Basta; José mi hijo vive todavía; iré, y le veré antes que yo muera" (Génesis 45:21-28).

José envía todo lo necesario para que sus hermanos lleven a su tierra y aún más, para que su padre no tenga necesidad. El espíritu de Jacob se revivió ante la noticia de que su hijo estaba vivo, y quiso ir a verlo prontamente. Hasta ese momento Jacob estaba de luto, pero cuando le dieron la noticia de que su hijo estaba vivo se transformó nuevamente en Israel.

La cuarta generación despierta el potencial y el poder profético de la tercera generación, porque esa tercera generación comenzó a romper las tradiciones. Es maravilloso descubrir también que la cuarta generación no se olvida de bendecir con recursos a la generación anterior.

La Iglesia ha cambiado, inició el proceso de transición, pero no ha sido trasformada en su totalidad, porque tenemos mucho enojo con la generación anterior y hemos cortado la relación con ellos. Deja de criticar a los hermanos que te enseñaron los dogmas y las tradiciones. No podrás ser parte de la cuarta generación hasta que no te reconcilies con ellos. No podrás recibir el potencial de esta generación si no te reconcilias con la anterior.

Dios te levantó, te liberó, te dio un sueño, te sacó de la

cárcel y te ubicó en posición de autoridad. Ve y reconcíliate con aquellos que no han creído en ti. Hasta que no lo hagas, no podrás recibir la totalidad del potencial de tu generación.

> LA CUARTA GENERACIÓN DESPIERTA
> EL POTENCIAL Y EL PODER PROFÉTICO
> DE LA TERCERA GENERACIÓN, PORQUE
> ESA TERCERA GENERACIÓN COMENZÓ
> A ROMPER LAS TRADICIONES.

Si te expulsaron de los púlpitos porque te dijeron que eras liberal, reconcíliate con ellos y bendícelos con lo que tú recibiste. Perdona al pastor que te hirió, que te puso en disciplina públicamente y te lastimó. ¡Perdónalo! Porque hasta que no lo perdones, no recibirás tu potencial. Él se irá a la tumba pensando que lo hizo en el nombre de Dios y que estuvo bien hecho porque ésa era la mentalidad de su generación. Pero tú estás perdiendo sueños, oportunidades, destino, gloria, poder y manifestaciones, por las heridas que tienes en tu interior. Si no te reconcilias con tu pasado, jamás lograrás alcanzar el potencial de tu futuro. Pero si formas parte de una generación anterior y no te reconcilias con la siguiente, tampoco recibirás el potencial de esa generación.

LA BENDICIÓN SIN ESTRUCTURAS

"Y nacieron a José en la tierra de Egipto Manasés y Efraín, los que le dio a luz Asenat, hija de Potifera sacerdote de On" (Génesis 46:20).

"Y se le hizo saber a Jacob, diciendo: He aquí tu hijo José viene a ti. Entonces se esforzó Israel, y se sentó sobre la cama, y dijo a José: El Dios Omnipotente me apareció en Luz en la tierra de Canaán, y me bendijo, y me dijo: He aquí yo te haré crecer, y te multiplicaré, y te pondré por estirpe de naciones; y daré esta tierra a tu descendencia después de ti por heredad perpetua" (Génesis 48:2-4).

Así fue que Jacob bendijo a José y luego de hacerlo, ve que sus nietos, los hijos de José, estaban allí. Jacob quiere bendecirlos también, aunque esto ya no le correspondía.

"Y vio Israel los hijos de José, y dijo: ¿Quiénes son éstos? Y respondió José a su padre: Son mis hijos, que Dios me ha dado aquí. Y él dijo: Acércalos ahora a mí, y los bendeciré" (Génesis 48:8-9).

La Iglesia ha cambiado, inició el proceso de transición, pero no ha sido trasformada en su totalidad, porque tenemos mucho enojo con la generación anterior y hemos cortado la relación con ellos. Jacob, como parte de la tercera generación, rompe la tradición.

"Y los tomó José a ambos, Efraín a su derecha, a la izquierda de Israel, y Manasés a su izquierda, a la derecha de Israel; y los acercó a él. Entonces Israel extendió su mano derecha, y la puso sobre la cabeza de Efraín, que era el menor, y su mano izquierda sobre la cabeza de Manasés, colocando así sus manos adrede, aunque Manasés era el primogénito" (Génesis 48:13-14).

LA IGLESIA HA CAMBIADO, INICIÓ EL
PROCESO DE TRANSICIÓN, PERO NO HA
SIDO TRASFORMADA EN SU TOTALIDAD,
PORQUE TENEMOS MUCHO ENOJO CON
LA GENERACIÓN ANTERIOR Y HEMOS
CORTADO LA RELACIÓN CON ELLOS.

Jacob puso su mano derecha para bendecir a su nieto menor, Efraín. Sin embargo, puso su mano izquierda sobre el mayor, el primogénito, Manasés. Entonces dice la Palabra que José tomó la mano de su padre para cambiarla y ponerla sobre la cabeza de Manasés, pero Jacob no quiso.

> "Y dijo José a su padre: No así, padre mío, porque éste es el primogénito; pon tu mano derecha sobre su cabeza. Mas su padre no quiso, y dijo: Lo sé, hijo mío, lo sé; también él vendrá a ser un pueblo, y será también engrandecido; pero su hermano menor será más grande que él, y su descendencia formará multitud de naciones. Y los bendijo aquel día, diciendo: En ti bendecirá Israel, diciendo: Hágase Dios como a Efraín y como a Manasés. Y puso a Efraín antes de Manasés. Y dijo Israel a José: He aquí yo muero; pero Dios estará con vosotros, y os hará volver a la tierra de vuestros padres. Y yo te he dado a ti una parte más que a tus hermanos, la cual tomé yo de mano del amorreo con mi espada y con mi arco" (Génesis 48:18-22).

Es interesante observar que algo pasa entre la tercera y la cuarta generación. Jacob no sólo bendice a José y a sus hijos, sino que bendijo a todos sus hijos. Esta generación sabe que hay mucha bendición. Si Dios lo hizo conmigo, puede hacerlo contigo y así entrar a una nueva dimensión de la gracia y el poder de Dios.

La bendición que pronuncia Jacob sobre los hijos de José fue la siguiente:

> "El Dios en cuya presencia anduvieron mis padres Abraham e Isaac, el Dios que me mantiene desde que yo soy hasta este día, el Ángel que me liberta de todo mal, bendiga a estos jóvenes; y sea perpetuado en ellos mi nombre, y el nombre de mis padres Abraham e Isaac, y multiplíquense en gran manera en medio de la tierra" (Génesis 48:15-16).

Estas palabras determinaron el quiebre de la tradición. A muchos de la cuarta generación les quedan fantasmas, y aunque son libres tienden a migrar de nuevo.

Tenemos que liberar de las tradiciones a la cuarta generación. La tercera es una generación que se sana porque cuando Jacob muere, los hermanos de José tienen temor de que José los mate a todos porque ya su padre no estaba. Y fueron a verlo con esa preocupación, y la respuesta de José es: *"No temáis; ¿acaso estoy yo en lugar de Dios?"* (Génesis 50:19)

La cuarta generación está sana en su interior. Sabe perdonar, olvidar, caminar en el futuro y no en el pasado. Esta generación eleva tu potencial si sabes unirte a ella. Los hermanos de José no tienen que preocuparse. José no es una amenaza. Aunque quizás tú lo hayas vendido hace un tiempo, hoy tienes la oportunidad de unirte a él y dejar que la bendición sea multiplicada en gran manera. Es una generación libre, que piensa y se expresa diferente. Su caminar es una relación continua, sin interrupciones. El haber sido vendido, haber estado preso, falsamente acusado, olvidado en la cárcel, no quebró su sueño.

No hay vergüenza en esta generación. Ellos se adaptan a los cambios. Quizás no los entienden, quizás tienen problemas cuando Jacob cambia las manos para la bendición, pero se adaptan.

LA CUARTA GENERACIÓN ESTÁ SANA EN SU INTERIOR. SABE PERDONAR, OLVIDAR, CAMINAR EN EL FUTURO Y NO EN EL PASADO.

Quiero que todos sepan, aún mis colegas, compañeros obispos, apóstoles, profetas, que esta es una generación libre y tienes que decidir a cuál generación perteneces.

Te sientes libre cuando sabes que Dios ha liberado una generación y que por ende, ni la primera, ni la segunda, ni la tercera, pueden entenderlo. Hay una cuarta generación que se levantó en autoridad y decidió que no hay reservas financieras ni espirituales de las que no puedan apropiarse. Es necesario que recibas la bendición de la cuarta generación. Hay un poder en transmitir esa bendición hacia todas las generaciones, pero tenemos que producir transformación para nosotros y para las generaciones venideras.

Dios ha llevado a su pueblo a través de diferentes etapas que están representadas en las vidas de Abraham, Jacob, Isaac y José. Dios se manifiesta diferente en cada tiempo. Las tres generaciones anteriores a la cuarta generación trazaron un camino guiados por Dios e hicieron su obra de acuerdo con la revelación de cada uno de sus tiempos.

Pero éste es un nuevo tiempo para el Cuerpo de Cristo. Es un tiempo transformador para la Iglesia, donde Dios exige una transición acelerada, pero en el orden divino. Dios se le revela a esta cuarta generación de una manera directa, clara y sobrenatural. Para que lo escuchen, le crean y hagan su obra, ha preparado y le ha ministrado a una generación que le cree incondicionalmente, está dispuesta a moverse como Él dirija, y a ejecutar la Palabra de Dios sólo por revelación personal. Esta generación está determinada a conservarse íntegra y dar testimonio de la Palabra con su conducta. La cuarta generación va a hacer lo que tenga que hacer para que la Iglesia prevalezca en la tierra y asuma autoridad en todo: sociedad, gobierno, economía, educación y otros asuntos del mundo.

Las promesas de Dios son las mismas ayer, hoy y siempre. Él siempre va a buscar las formas de cumplirlas, y de realizar sus propósitos. Sin embargo, a medida que nos movemos de una generación a otra, la revelación es mayor y el trato con Dios es más directo. Recuerda que la cuarta generación no se limita al tiempo natural. Representa, en cada uno de nosotros, la transición interior que nos lleva, a su vez, a la transición completa de la Iglesia del Señor donde todos y uno conozcamos personalmente al Dios de lo sobrenatural.

Para este tiempo, Dios preparó a esta cuarta generación. El cumplimiento de cada promesa de Dios requiere obediencia. La resistencia a las disposiciones de Dios es desobediencia. Tenemos que apartar toda resistencia humana y espiritual, obedecer a Dios, y pertenecer a esta cuarta generación. Entonces recibiremos la bendición de una revelación fresca y directa de nuestro Dios, que traiga a cumplimiento sus promesas y sus propósitos en nuestras vidas, y en todas las naciones.

PERO ÉSTE ES UN NUEVO TIEMPO PARA EL CUERPO DE CRISTO. ES UN TIEMPO TRANSFORMADOR PARA LA IGLESIA, DONDE DIOS EXIGE UNA TRANSICIÓN ACELERADA, PERO EN EL ORDEN DIVINO.

Recibamos la bendición de la cuarta generación: una vida en la continua presencia de Dios, manifestando una Iglesia poderosa.

CONCLUSIÓN

"Y soñó José un sueño y lo contó a sus hermanos..." (Génesis 37:5).

Esta generación, la cuarta, desata la unción profética de tres generaciones anteriores. Tiene algo qué hacer y decir, pero créanme que rompe con muchos moldes. A través de estas páginas, habrás entendido que Dios se ha metido dentro de ti con la bendición de tres generaciones anteriores. La cuarta generación no piensa como las otras, no opera con los métodos de las anteriores, sino que desafía a la Iglesia tradicional de hoy día.

1. Esta generación no oye de Dios como las otras. José inicia su carrera soñando. "*He aquí que atábamos*

111

manojos en medio del campo, y he aquí que mi manojo se levantaba y estaba derecho, y que vuestros manojos estaban alrededor y se inclinaban al mío" (Génesis 37:7). Tuvo otro sueño y se lo contó a sus hermanos diciendo: *"He aquí que he soñado otro sueño, y he aquí que el sol y la luna y once estrellas se inclinaban a mí"* (Génesis 37:9). Éste es el inicio de los problemas con los hermanos. Interesante que aunque a Jacob le molestó, Génesis 37:11 dice: *"Mas su padre meditaba en esto"*. Si Dios había cambiado el orden para que Jacob recibiera la bendición, Dios podía escoger a José, producto de Raquel y Jacob.

2. Esta generación es vendida por sus hermanos. La venta es interpretada como muerte. Los hermanos no dijeron que José murió, lo insinúan, pero la tercera generación es quien lo declara muerto. *"La túnica de mi hijo es; alguna mala bestia lo devoró; José ha sido despedazado"* (Génesis 37:33). Lo interesante es que la tercera generación entra en luto; algo en ellos murió. Mientras tanto, la cuarta generación aunque fue vendida como esclava, está protegida por la palabra de las tres generaciones anteriores.

LA CUARTA GENERACIÓN NO PIENSA COMO LAS OTRAS, NO OPERA CON LOS MÉTODOS DE LAS ANTERIORES, SINO QUE DESAFÍA A LA IGLESIA TRADICIONAL DE HOY DÍA.

Las características sobresalientes de esta generación son las siguientes:

- Sueña su destino profético.

- Nunca oye «Así dijo Jehová», porque cree por sueños.

- Es vendida por los hermanos.

- Es esclava, pero exhibe un grado de excelencia en todo lo que hace. Por eso se le confía toda la casa de Potifar. Donde quieran que vaya, es próspera.

- Sabe manejar las tentaciones de carácter moral. No duerme con la mujer de Potifar. Tiene un conjunto de valores porque persigue la promesa del sueño.

- Es llevada presa. Es aislada y dejada en soledad. En lo natural, ve como que ya todo terminó, pero la cárcel de esta generación es Dios preservando su sueño y las promesas hechas a Abraham. En la cárcel notará que lo persigue precisamente aquello que inicia su peregrinaje. Es echada en el mismo lugar que otros soñadores. Dios parece recordarle que no debe olvidar el sueño que declaraba su propio destino.

- Cuando sale de la cárcel, no tiene prisa. Toma el tiempo para acicalarse antes de presentarse al rey. Ha llegado el momento de caminar en la promesa y lo cree.

- Sus hermanos no la reconocen. Lo que ha sucedido en la vida de José no tiene explicación. Jamás los hermanos imaginarían verlo en esa posición en la que Dios lo había puesto. Si no le creían al sueño, menos le creerán al cumplimiento del sueño. (Les recuerdo que, a todo esto, la tercera generación está de luto).

- Esta generación se preocupa por la anterior. José envía a buscar a su padre, Jacob, pero no lo hace con manos vacías. Esta generación tiene la capacidad de bendecir a la tercera generación en medio de la escasez. Es un compromiso de verlos bien. Cuando esto sucede, ocurre un despertar profético.

- *Entonces dijo Israel* (ya no Jacob): *"Basta; José mi hijo vive todavía; iré, y le veré antes que yo muera"* (Génesis 45:28). La cuarta generación despierta el destino profético de la anterior. Hay Jacobs en nuestro tiempo que creen que José está muerto, pero cuando llega la noticia de que José vive, ellos viven y no mueren hasta que ven realizados sus sueños.

- La cuarta generación tiene una capacidad extraordinaria para manejar las riquezas. El plan económico que desarrolló José salvó a toda la nación y las naciones de alrededor. La manifestación de este plan económico surgió en Egipto. Esta generación tiene la capacidad de ir a Egipto e influenciarlo, pero seguir siendo fiel al sueño de Dios.

- La cuarta generación sabe pedir la bendición de la generación anterior antes de que ésta muera (Génesis 48). Israel ha despertado tanto en su don profético, que sabe distinguir la próxima generación. "*...Lo sé, hijo mío, lo sé; también él vendrá a ser un pueblo, y será también engrandecido; pero su hermano menor será más grande que él...*" (Génesis 48:19).

- Esta generación tiene una sanidad interior extraordinaria. "*Les respondió José: No temáis; ¿acaso estoy yo en lugar de Dios? Vosotros pensasteis mal contra mí, mas Dios lo encaminó a bien, para hacer lo que vemos hoy, para mantener en vida a mucho pueblo. Ahora, pues, no tengáis miedo; yo os sustentaré a vosotros y a vuestros hijos. Así los consoló, y les habló al corazón*" (Génesis 50:19-21). El problema de muchos es que resienten el proceso. Recibe que la gente que te hiere sirven como colaboradores de Dios para hacerte una generación de bendición.

Capítulo cinco

EL DESPERTAR DE UNA IGLESIA PODEROSA:

TU GENERACIÓN

*L*A HORA HA llegado para que la Iglesia de Cristo inicie el proceso de transición para entregarle a la siguiente generación la antorcha y la bendición, de manera que continúen con la tarea.

Como hemos visto hasta aquí, la falta de punto de referencia representa a aquellos primeros cristianos que llegaron a la iglesia y aceptaron a Cristo como su salvador, luego de haber crecido con la enseñanza e influencia del catolicismo. Ellos no tienen un punto de referencia en su formación y necesitan de las manifestaciones personales de parte de Dios. Por ende, muchas costumbres de la Iglesia responden al estilo de la Iglesia tradicional. Ejemplos de esto son el uso del aceite, los rangos ministeriales y la liturgia.

Más adelante, durante dos generaciones, la Iglesia ha escuchado prédicas y enseñanzas por referencia, y no por estudio del texto ni por palabras proféticas relevantes al tiempo que vivimos.

También entendimos que la tercera generación ha tenido que salir de sus organizaciones, iglesias o grupos para poder caminar en la bendición de su generación. Dios cambia el orden y muchos no aceptan que esos hijos de la promesa tengan algo para contribuir al éxito de la generación anterior. Ha habido un divorcio entre una generación y otra.

Esta tercera generación, la de Jacob, tiene un trabajo extraordinario. Ellos saben que romper con las tradiciones tiene un alto precio. Jacob tuvo que irse de la casa. La dificultad radica en que la primera y la segunda generación se creen dueñas del propósito de Dios. Algunos se han adueñado de la Iglesia del Señor, pero le recuerdo a la tercera generación que Jacob volvió a la casa.

DIOS CAMBIA EL ORDEN Y MUCHOS NO ACEPTAN QUE ESOS HIJOS DE LA PROMESA TENGAN ALGO PARA CONTRIBUIR AL ÉXITO DE LA GENERACIÓN ANTERIOR.

UNA IGLESIA QUE SUEÑA

Ha llegado el tiempo de la cuarta generación. Es el tiempo de una Iglesia que sueña. Quizás no oran igual que la generación anterior. Tal vez no operan con los métodos del pasado, pero tienen un sueño que habla de destino profético. A quienes pertenecen a esta generación, los exhorto a que se levanten y comiencen a fluir en su bendición. Tus proyectos tienen costos de millones de dólares, pero Dios te dará las estrategias para hacerlos realidad.

Esta generación tendrá una Iglesia sana en su interior, que se asegura de que la generación anterior esté bien cuidada y protegida. En el progreso no deja atrás a quienes los han bendecido. Nunca menosprecies a la generación anterior.

En mis viajes y visitas a distintas iglesias, he notado que muchos critican a los que nos antecedieron, y hasta los desprecian. Si hemos aprendido algo en este libro es que una generación se levanta sobre los hombros de la anterior. No permitas que los ancianos pastores que forman parte de la generación de Jacob se vayan de esta tierra sin que hayamos reconocido su valor, entregándoles regalos que bendigan sus vidas en medio de la escasez mundial.

Como parte de la cuarta generación, doy gracias a Dios por esta bendición. No quiero fallarle a mi generación. Honro el valor de mi bisabuela paterna que donó un terreno para la Iglesia de Dios Pentecostal, en el barrio Quebrada de Camuy, Puerto Rico. Por esa decisión la despreciaron.

Doy gracias a Dios por mi abuela paterna, por continuar con la promesa y pasársela a mi padre antes de morir. Doy gracias a Dios por mi padre, el Rev. William Torres, ministro durante cuarenta años de una misma iglesia, por ser una inspiración, fiel a Dios y a su llamado. Dios ciertamente cambió el orden en su familia, y por ser menor lo hizo mayor. Por gracia de Dios, hoy tengo sobre mis hombros la bendición de la cuarta generación. He seguido el legado, dirijo una poderosa iglesia con un maravilloso templo, y con más de cincuenta congregaciones que están bajo mi cobertura. Regresé a la iglesia donde mis padres recibieron el llamado pastoral. Dios me ha bendecido, y camino sabiendo que en mi generación hay una unción particular.

Ser parte de esta generación no tiene que ver con la edad o la sucesión, sino con el tiempo espiritual y natural que vivimos. Las tradiciones necesitan ser revisadas antes de vivir en la bendición de la próxima generación.

Te recuerdo que la profundidad de esta revelación sobre las generaciones es que, aunque miremos hacia la cuarta generación, nosotros, en el sentido espiritual, siempre somos primera generación de algo. Tú tienes todos los componentes de todas las generaciones y tienes que saber promoverte de generación en generación.

SER PARTE DE ESTA GENERACIÓN
NO TIENE QUE VER CON LA EDAD O
LA SUCESIÓN, SINO CON EL TIEMPO
ESPIRITUAL Y NATURAL QUE VIVIMOS.

EL PROCESO DE LA CUARTA GENERACIÓN

Quienes forman parte de la cuarta generación deben atravesar un proceso para alcanzar la bendición que les corresponde. Hay diez puntos que forman ese proceso, los cuales detallaremos a continuación.

Mientras los lees, pido al Señor que despierte en ti la capacidad de soñar, y el espíritu de compromiso, de integridad, de sometimiento, de perdón y de crecimiento. Mientras hoy se debaten conceptos como verdad absoluta, aborto y casamiento entre personas del mismo género, se requiere de una generación que se levante sin temor y con tenacidad para luchar por los principios de Cristo.

1. Sueña el propósito de Dios.

   José soñó su destino profético. La generación de hoy tiene que regresar a los sueños proféticos. Es lo que mantendrá viva la esperanza para alcanzar cambios significativos en nuestro tiempo. En esta etapa no se requiere entender el sueño en su totalidad. Lo único que se requiere es de soñadores. Antes de que el profeta te señale, antes de predicar tu primer mensaje, antes de ir a tu primer programa de televisión... sueña.

Sueña que estás hablando frente al consejo municipal de tu ciudad, frente al alcalde, a tu gobernador, a tu senador, al presidente de la nación. Sueña manejar los medios masivos de comunicación. Sueña con tener gobernantes que temen al Señor. Sueña con cambios de leyes que favorecen nuestras posiciones morales. Sueña con un presidente en tu nación que tema al nombre del Señor todopoderoso.

2. Atrévete a hablar tu sueño.

José contó sus sueños las dos veces que soñó. Atrévete a profetizar tu propio destino. Los sueños comienzan a ser realidad cuando nos atrevemos a declararlos. Dos cosas sucederán cuando cuentes tus sueños: los más cercanos se opondrán y los que tienen autoridad sobre ti tendrán dudas, pero esperarán. Hay demasiada gente con sueños de Dios y no los declaran. La Iglesia ha apagado la declaración profética. Sabemos que ha habido un mal uso del don profético y de la profecía, pero eso no la invalida. El patrón de José es ir a los suyos, a su cobertura, a su padre. Ningún sueño, por más interesante que sea, se comunica a cualquiera. Los sueños se transmiten a los que serán receptores de la bendición. Es importante soñar con responsabilidad profética, pero más importante es declarar con responsabilidad. Tú tienes que saber que tu sueño es de Dios y no el producto de tu ambición. Las voces de los sueños de

Dios están calladas en América y en muchos otros lugares del mundo.

3. Tienes que estar dispuesto a ser vendido por el sueño.

José no estuvo contento de que lo vendieran, pero tampoco cambió su declaración profética. Los intentos de quienes tienen poder sobre ti no deben cambiar tu sueño. Debo advertirte que si vas a emprender la jornada de fe de la cuarta generación, alguien te va a vender. Esto no es el final del mundo. Es el inicio del proceso hacia el cumplimiento del sueño. Tú no escoges el proceso; tú escoges soñar.

Las amenazas de quienes desean detener tu sueño son sólo eso: intimidaciones. Quienes invierten en ti, los que te compran, no entienden que son facilitadores de un sueño. Por eso se les hará fácil verte como una propiedad, como un esclavo. Ellos no le ponen nombre a tu destino, sino que facilitan el proceso. En otras palabras, para llegar al final del proceso, te llamarán de muchas maneras. Esto sucederá en ti: tu nombre será cambiado en la medida que cambie tu propósito. El cambio de nombre cambia los propósitos. ¿Estás dispuesto a ser vendido?

4. Consérvate en integridad.

En estos tiempos, la palabra "integridad" ha perdido su poder. José tuvo en sus manos una gran responsabilidad. Sin embargo, supo mantener en alto la integridad. En un tiempo cuando la mayoría de creyentes ya no cree en verdades morales absolutas, la generación de José debe volver a creer en ellas. Para José era más importante completar el sueño que disfrutar de un placer momentáneo.

Un amigo predicador les decía a los jóvenes que la esposa de Potifar no estaba en los sueños originales de José. Hay dos cosas importantes: no le añadas nada y no le quites nada al sueño. Esta generación debe tener posiciones claras que estén determinadas en su proceso: posiciones claras sobre el matrimonio, el aborto, el adulterio, la fornicación, la veracidad escritural, y los temas de gran importancia de nuestro tiempo. ¿Cuál es tu posición sobre estos temas? Si no tienes principios claros antes de salir de casa, las experiencias te golpearán en el camino. Cuando hay principios y valores claros, huimos aunque nos cueste la cárcel.

5. Debes someterte a los procesos.

Ningún proceso es fácil y algunos de ellos son desagradables. A causa del proceso, tenemos que tomar decisiones. Algunos de nosotros hemos tenido que dejar atrás a la gente que nos impulsó, pero no debemos olvidarla. Fueron buenos para el impulso inicial, pero no necesariamente para el cumplimiento de los sueños. Hay amigos, mentores, asociaciones que fueron buenas para una temporada de nuestra vida y peligrosas para otra. La idea es apreciar cada etapa.

Da gracias por los que te impulsan, pero también por los que hacen que tus sueños se conviertan en realidad. Esto en ocasiones duele. Sabemos el dolor que genera dejar atrás gente que amamos, para cumplir el llamado de Dios. No permitas que el proceso te cause rencor hacia los que dejas atrás o por lo que dejas atrás.

6. Usa tus cárceles como ventaja.

La cárcel o prisiones no son lugares que deseamos. Pero recién cuando descubrimos nuestras cárceles, podemos disfrutar los palacios. Le hablo al corazón de esta generación. Libérate de tus prisiones antes de llegar al palacio, para que no dañes el proceso final. Lo más triste es ver gente que llega, pero no completa su propósito. Cuando no lidias con tus prisiones, serás preso por dentro el resto de tu vida, y el palacio no resolverá tus problemas. Ir a tu cárcel te liberará. Suena irónico, pero es una verdad extraordinaria. No me refiero a la cárcel literalmente. Hay demasiada gente presa por un pensamiento, un deseo en desorden, una pasión equivocada. Esto no invalida el sueño, pero perjudica su cumplimiento, si no se resuelve a tiempo. No ingreses a ministerios si no has lidiado con tus cárceles y prisiones. Es en la cárcel donde lidias contigo, con tu ego, con tu personalidad, con tus temores. Cuando estás en el palacio, estás frente a gente que tú levantas o aplastas. Tienes que salir de tu propia cárcel, primero.

7. Cuando salgas de la cárcel, no lo hagas con resentimientos.

Una de las manifestaciones de sanidad interior más importante es cuándo le piden a José que se presente ante el rey. José se afeitó, se bañó, tomó su tiempo. Lo que al principio era un estado de desesperación, luego del llamado a presentarse, se convirtió en un momento de entrada triunfal.

Cuando te encuentras sano, no te puedes desesperar por salir. Después de todo, has pasado allí tantos días que uno más o uno menos no es lo que te define, sino tu sanidad y actitud al salir. Si sales con resentimiento, harás daño. Si sales libre y feliz con el proceso, serás de bendición.

8. El favor que has recibido se manifiesta en beneficio del pueblo.

José logró bendecir a un pueblo en caos económico y financiero. La cuarta generación debe ser capaz de hacer los cambios necesarios, aún a nivel gubernamental, para el crecimiento de la economía. La crisis puede y debe ser resuelta con la mentalidad y estrategia de quienes hayan pasado por un proceso. Se requiere revelación del cielo para poder llevar adelante las estrategias. Esto se inicia con una generación que tiene la mentalidad de liberarse de deudas y no incurrir en algunas que son innecesarias. Una generación con la capacidad de pensar, no sólo en satisfacer el hoy, sino mirar el mañana.

Todo el que construye almacenes de provisión es sabio. La construcción de almacenes refleja el espíritu de una generación que piensa en los días de escasez. La Iglesia ha pensado que Cristo viene pronto y, aunque lo esperamos, se nos enseñó que no tenemos que hacer provisión. La planificación extraordinaria de José libera a un pueblo del hambre, y no sólo a Egipto, sino a los países cercanos. Esta estrategia abre la puerta para el encuentro con su familia. Si José no hubiera utilizado la estrategia de bendecir dentro de su nación y también afuera, no hubiera logrado ver a sus hermanos, los facilitadores del proceso.

9. Tu éxito trae a tu familia a la memoria.

Una de las fallas más grandes que podemos

cometer cuando Dios nos engrandece es olvidarnos de nuestra procedencia. Aunque José tenía todas las razones para despreciar y abandonar a su familia, no lo hizo. La cuarta generación tiene la responsabilidad de amar su casa. Tú no saliste de la nada. Quizás difieres en opiniones, pero no debes olvidar cuál es tu casa. Regresar a los tuyos no significa regresar a patrones, sino que te completa el círculo del sueño realizado. Regresa a los tuyos con la bendición que has adquirido.

10. Aún cuando tienes el poder, no tomes ventaja. Perdona.

José podía haber usado su experiencia vivida para amargar su espíritu y ser vengativo. Es por eso que cuando Jacob muere, la preocupación más grande de los hermanos de José era que éste tomara venganza. Tu madurez se demuestra cuando entiendes que el proceso no te amarga. Es la posibilidad que tienes de ver la mano de Dios. Los sueños cuestan tiempo, relaciones, dolores, lágrimas, ansiedades, necesidades, persecuciones, rechazos y prisiones. El resultado final saludable es posición de honra, corazón sano, espíritu libre. Aquello que sus hermanos quisieron usar para mal, José lo vio como el bien para completar su sueño, que finalmente se convierte en su destino profético. La bendición de la cuarta generación está basada en ser libre, aún después de procesos difíciles.

CONCLUSIÓN

Nadie puede detener el potencial de la Iglesia de hoy. No hay que entenderlo todo, pero debemos estar dispuestos a dejar que esta generación haga lo que es necesario para cumplir con Dios mismo y no con la organización tradicional.

LOS SUEÑOS CUESTAN TIEMPO, RELACIONES, DOLORES, LÁGRIMAS, ANSIEDADES, NECESIDADES, PERSECUCIONES, RECHAZOS Y PRISIONES. EL RESULTADO FINAL SALUDABLE ES POSICIÓN DE HONRA, CORAZÓN SANO, ESPÍRITU LIBRE.

No podemos pedir excusas por lo que es parte del ADN de la Iglesia movida por el espíritu de la cuarta generación.

¿Tienes un sueño para el futuro de la Iglesia? Sigue creyendo y operando en la bendición de tu generación. Deseo que este libro te ayude a entrar en la transición o que permita que la misma siga su proceso. Espero que al leerlo, entiendas que eres una generación de bendición.

Mi oración es que muchos encuentren su destino profético a través de su proceso presente. Atrévete a soñar, a declarar tu sueño y a cumplir el proceso. Bendigo la cuarta generación y declaro que lo mejor está por venir.

REV. JEREMIAH TORRES

ACERCA DEL AUTOR

"*A*NTES QUE TE formase en el vientre te conocí, y antes que nacieses te santifiqué, te di por profeta a las naciones" (Jeremías 1:5). Este versículo bíblico describe el llamado de Dios sobre la vida del obispo Jeremiah Torres, quien es parte de una cuarta generación de ministros en su familia.

Su trayectoria pastoral comienza desde 1980 cuando sale a Puerto Rico para comenzar sus estudios teológicos. Durante los años ochenta, junto a su esposa Miriam, pastoreó varias iglesias en diferentes ciudades en Puerto Rico.

En 1994 se trasladan a Hartford, Connecticut, y comienzan a pastorear la Iglesia Cristiana Pentecostal El Tabérnaculo, hoy conocida como Casa de Restauración en esa ciudad. Actualmente, el nuevo edificio reúne cada domingo unas 1,000 personas.

Además, el obispo Torres preside el Movimiento de la Iglesia Cristiana Pentecostal que cubre iglesias de EE.UU., Puerto Rico, República Dominicana, Guatemala, Panamá, Ecuador y Perú.

Su programa televisivo "Una Palabra de Esperanza" llega a cientos de miles de hogares del noreste de los EE.UU. semanalmente. Su visión es restaurar vidas para el reino de Dios.

El obispo Torres y su esposa Miriam llevan 26 años de casados. Juntos procrearon tres hijos: Jeremiah Jr., Priscila Elisa y Vanessa Marie, quienes participan en el ministerio.

Si desea compartir su testimonio de cómo
Dios le ha ministrado a través de este libro,
escríbanos a la siguiente dirección:

Iglesia Casa de Restauración
1665 Main Street Hartford, CT. 06120
Tel.: (860) 525-2764
Correo Electrónico: jtorres@horc.org
www.horc.org